时间管理

让硅谷团队效率倍增的"认知"和"行动"实践指南

的奇迹

PROCRASTINATE ON PURPOSE

[美] 罗里·瓦登（Rory Vaden）——著　　易 伊——译

中国科学技术出版社

·北　京·

本书中文简体字版通过 **Grand China Publishing House**（**中资出版社**）授权中国科学技术出版社在中国大陆地区出版并独家发行。未经出版者书面许可，本书的任何部分不得以任何方式抄袭、节录或翻印。

北京市版权局著作权合同登记　图字：01-2021-6542。

图书在版编目（ＣＩＰ）数据

时间管理的奇迹／（美）罗里·瓦登著；易伊译
. -- 北京：中国科学技术出版社，2022.1（2024.6 重印）
书名原文：Procrastinate on Purpose: 5 Permissions to Multiply Your Time
ISBN 978-7-5046-9309-9

Ⅰ.①时… Ⅱ.①罗… ②易… Ⅲ.①时间－管理
Ⅳ.① C935

中国版本图书馆 CIP 数据核字 (2021) 第 246994 号

执行策划	黄　河　桂　林	
责任编辑	申永刚	
策划编辑	申永刚　褚福祎	
特约编辑	魏心遥	
封面设计	仙境设计	
版式设计	王永锋	
责任印制	李晓霖	

出　　版	中国科学技术出版社
发　　行	中国科学技术出版社有限公司发行部
地　　址	北京市海淀区中关村南大街 16 号
邮　　编	100081
发行电话	010-62173865
传　　真	010-62173081
网　　址	http://www.cspbooks.com.cn

开　　本	787mm×1092mm　1/32
字　　数	128 千字
印　　张	8
版　　次	2022 年 1 月第 1 版
印　　次	2024 年 6 月第 3 次印刷
印　　刷	深圳市精彩印联合印务有限公司
书　　号	ISBN 978-7-5046-9309-9/C·185
定　　价	49.80 元

（凡购买本社图书，如有缺页、倒页、脱页者，本社发行部负责调换）

致中国读者信

———

To All My Friends in China,

Your choices about how to spend your time will affect the world for years and years. May the concepts in this book help you to focus more on more on the "significant" activities that will improve the quality of life for people around the world. Our hope is that these ideas would also bring you more joy and happiness in your personal lives as well. Best of luck to you; I look forward to watching you continue to shape the future for all of us.

Live Significant,

Mu Itzely

致中国读者信

———

致我所有的中国朋友：

　　每个人对个人时间的分配选择都将会对世界产生长远的影响。希望这本书里的概念能帮助你把时间集中在意义重大的、能提升世界人民生活品质的事项上，也希望这本书能为你的生活带来更多乐趣。祝你好运。期待你为我们创造出更美好的未来。

　　愿你拥有一个充满意义的、时间倍增的人生！

罗里·瓦登

聚焦漏斗模型（The Focus Funnel™）是一种可视化的任务评估方式，它可以帮助你决定每个任务的处理策略。通过模型中五个阶段的筛选：**消除（Eliminate）→ 自动化（Automate）→ 委派（Delegate）→ 刻意拖延（Procrastinate）→ 专注（Concentrate）** 你可以确保把时间花在最具意义的事情上，最终实现时间倍增。而聚焦漏斗模型对每一阶段对应的任务提供的策略，则统称为"时间倍增术"。

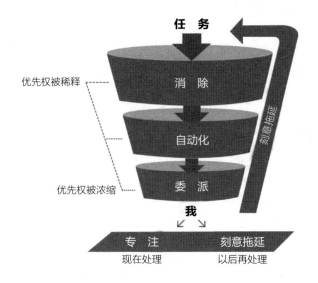

聚焦漏斗模型

迅速提高工作效能的行动手册

权威推荐

乔恩·戈登

畅销书《正向团队赋能》《活力巴士》作者

每天我们都有 24 小时来发挥影响力，但如果你可以创造出更多可利用的时间呢？本书向我们展示了世界上最优秀的领导者是如何在工作中做到事半功倍的。《时间管理的奇迹》是一部颠覆传统观念的作品。

赛斯·高汀

雅虎前营销副总裁、市场营销大师

罗里·瓦登凭借自己出色的洞察力，总结出一套非常实用的可操作方法。开始创造你的时间吧！

休·希克

联合健康保险公司首席执行官

本书将改变职场人士对时间的认知。我从未领略过如此醍醐灌顶的观点。实用、独特、中肯……这是所有领导者和管理者的必读书目。

戴夫·拉姆齐

美国最受信赖的理财和管理大师

《纽约时报》畅销书《抓住你的财富》作者

时间管理和财务管理很相似，它们都和数字有关，和你的行为有关。时间管理技巧如果无法令你的生活变得更好，那就对你益处不大。在这本书中，罗里·瓦登为我们熟知的、一般的时间管理技巧，增补了两个重要却常常缺失的元素：情感与意义。

约翰·G. 米勒

《QBQ! 问题背后的问题》作者

罗里·瓦登天生具备逆向思维。世界上绝大多数人都对拖延症深恶痛绝，但在本书中，瓦登向我们展示了如何利用拖延提高工作效率。按照他的方法，我们就能创造出更多的真正稀缺的资源——时间。

安迪·安德鲁斯

《纽约时报》畅销书《旅行者的礼物》作者

每隔一段时间，世界上就会出现一部能够改变一代人思考方式的作品。《时间管理的奇迹》就是这样一本将会影响一代人工作效率和时间管理理念的佳作！

罗伯特·D. 史密斯

《当下的活法》作者

我们每个人的生命都非常有限，但在本书中，罗里·瓦登把高效能人士凭直觉运用多年的方法总结出来并公之于世。第一次，我们终于能够开始理解高效能人士的方法论了。

萨拉·佩蒂

JoyofMarketing.com 公司创始人

《纽约时报》畅销书《值得每一分钱》作者

时不时，我们总是会读到一本让自己茅塞顿开、希望推荐给孩子并让他们牢牢记住的好书，罗里·瓦登的书就是这样的珍宝。瓦登是伟大的思想家和行动家，他拥有改变我们生活方式的力量。本书一定不会让你失望。

兰迪·盖奇

畅销书《白手创业亿万富翁的财商笔记》作者

罗里·瓦登总结出了一套让你每天拥有更多可利用时间的方法！他分享了许多充满智慧的观点，能够帮助读者在各方面都变得更加高效。

詹森·多尔西

代际动力学中心联合创始人

本书简直就是教人驾驭时间的技能书！阅读本书，你将顺利称霸每周 7 天、每天 24 小时运转的商业世界。如果一年内你只有空读一本关于提高效能、减轻工作压力的书，这本就是不二之选。

克里斯特尔·佩因

MoneySavingMom.com 博客创始人

《纽约时报》畅销书《对"生存模式"说再见》作者

罗里对目标明确、无惧挑战的生活的投入，一次又一次激励着我。在本书中，他分享了自己在时间管理上的独到心得，总结出了许多实用的工具和技巧，让你学会对琐事说"不"，从而将精力投入到最重要和最有意义的事情当中。

乔恩·奥卡弗

《纽约时报》畅销书《开始和退出》作者

我最欣赏罗里·瓦登的是在他把这些时间管理原则写成书之前，他已经靠这套方法走向了成功。你如果曾希望拥有更多时间，就好好研究这本书吧。我打赌你也会和罗里一样，依靠这套方法走向成功。

关于作者

罗里·瓦登

罗里·瓦登是谁？

罗里·瓦登（Rory Vaden），自律策略专家、工商管理硕士，他在全世界演讲，告诉人们如何通过自律实现自己的人生目标。他的第一本书《通往成功的七级台阶》（*Take the Stairs*）荣登《华尔街日报》《今日美国》畅销书榜第一名、《纽约时报》畅销书榜第二名，并被翻译成十多种语言。

企业家 + 自律策略专家 + 职业演讲人

作为一名企业家，罗里是美国西南咨询公司的联合创始人。西南咨询公司价值数百万美元，拥有一支超过 70 人的团队，为全球 27 个国家的诸多客户提供咨询服务，帮助他们增长业务，并提供更好的客户体验。通过专属系统，利用相关数据和时间计算工具，以及总公司磨砺150多年的销售技巧，西南咨询公司有能力帮助世界上任何公司大幅提升销售业绩。

如何克服拖延症和提高生产力，罗里颇有建树，受到"福克斯和他的朋友"、"奥普拉广播"、CNN及《快公司》《企业家》《福布斯》《成功杂志》等媒体的广泛报道。每个月，罗里的博客文章阅读量都超过200万，罗里的网络节目——《罗里·瓦登的日常守则》被评为美国最受欢迎的二十五大播客节目之一。

作为一名职业演讲人，罗里每年都要为美国最著名的企业和组织演讲超过50次。这些公司包括：美国人寿保险公司、嘉吉公司、百万圆桌会议、万通公司、真值公司、青年总裁协会、富国咨询公司、默克公司、蓝德雷公司和诺华制药等。罗里主要就增长销售业绩、提高自律力和更好的时间管理分享自己的心得，告诉人们如何为更多的人服务并赚到更多钱。

影响全球数百万人的时间倍增大师

在西南咨询公司，大家的目标非常明确：让西南咨询公司成为世界顶尖的企业，并帮助人们培养出足以实现人生目标的技巧和品质。作为一家集团型企业，西南咨询公司的业务范围十分广泛，但其最重要的存在原因就是帮助人们实现人生目标。

鉴于罗里所掌管的业务的复杂性，本书阐述的理论也拥有复杂的背景，但有一点毋庸置疑：这些理论都通过了残酷现实的千百次试炼与检验。一如你读过的大多数商业书，本书中将应用大量调查和抽样统计数据，它们都来自西南咨询公司。另外，罗里还会援引一些综合出版物和学术研究的数据。

西南咨询公司的员工对学术研究抱有充分的敬意，但更让大家骄傲的是，他们不仅是自己信念的传播者，更是勇敢的执行者。他们为大家提供的不是几句囫囵的行话，而是一套货真价实的执行策略。换句话说，本书并非那种只能在肤浅的理论上自圆其说的纸上谈兵之作，书中阐释的理论正在被公司员工日复一日、实实在在地践行着。

2006 年，罗里和几位伙伴共同创立了西南咨询公司。之后不久，他们又在伦敦找到了一批志同道合的同事，于是团队规模扩张到 70 人，而我们合作、服务的销售团队已经达到 7 000 个。

西南咨询公司的核心业务是为销售人员提供一对一的培训。截至撰写本书，公司培训过的销售员、销售管理者和企业家已接近 3 000 名。培训过程中，他们会跟踪观察目标对象每天的时间分配计划，观察过程为 6 个月甚至更长。当你如此密切地与他人合作如此长的一段时间之后，他们便不再是你的客户或者研究对象，他们会成为你的朋友。

西南咨询公司超过 75% 的"朋友"表示他们遇到的最大挑战就是时间管理，这也是他们参加培训的首要原因。因为对拿提成的销售人员或者日进斗金的企业家而言，时间真的就是金钱。当今时代，想要满足不断膨胀的市场需求，我们面临着比以往更艰难的挑战和更沉重的压力。客户在形容自己的工作时，用得最多的比喻就是感觉自己在到处"灭火"。我十分理解这种处境，因为我们的每一位培训教练首先是一名销售人员，其次才是咨询顾问。

在西南咨询公司，每位员工都要直接对接客户，销售并提供咨询服务。他们或许应该让一些人专门做营销，另外一些人专门做咨询，这样工作效率会更高。但如此一来，大家就不能像现在这样真切体会客户的困境和需求，也无法成为真正的执行者。同时，在与客户携手同行的过程中，我们将更深刻、更独特地理解时间，学会让时间成倍增加。

而如何让时间成倍增加，正是本书要教给你的技巧。

尽管本书的理论总结于一对一的培训，实际上它们也被一些大中型企业测试、运用过。西南咨询公司的企业客户遍布全球 27 个国家，小至家族自营企业，大到美国新闻集团（News Corporation）这样的集团企业。通过帮助客户制定招聘流程、营销话术、薪酬和激励制度、客户管理系统，以及其他相关活动，西南咨询公司旨在为客户打造一种意义深远的销售文化。西南咨询公司的母公司西南集团（Southwestern Family of Companies）位于美国田纳西州首府纳什维尔市，创建于 1855 年，是美国最早的私营企业之一，在伦敦、悉尼和新加坡都拥有办公室。

罗里了解销售，热爱销售，相信销售，并忠诚服务于销售，同时他和他的团队已经在这条路上行进了很远，拥有了足够的经验与实力。

1868 年，西南集团开始雇用大学生在暑假挨家挨户推销《圣经》。接下来的 150 多年里，销售《圣经》一直是西南集团的核心业务，直至今天仍有大约 3 000 名兼职大学生。这些学生往往与朋友组成团队，在假期销售一种叫作"西南优势"（Southwestern Advantage）的电子教辅产品。对年轻人来说，与西南公司的合作是个极具挑战性的锻炼机会，我相信它一定会为年轻人的人生带去积极的影响。

从西南集团这所"大学"毕业的杰出校友包括：美国田纳西州女议员玛莎·布莱克本、畅销童书作家陆可铎、时任奥巴马政府参议员的杰夫·塞申斯、得克萨斯州州长里克·佩里、密西西比州州长龙尼·马斯格罗夫、Successories 公司创始人马克·安德森、波士顿咨询集团创始人布鲁斯·亨德森、黑石集团高级经理陈楚、美国教育部前办公室主任唐娜·基恩等数千人，以及罗里自己。罗里在"西南优势"项目组当了 4 年招聘专员，连续 5 年暑假挨家挨户做推销，总共赚取了约 25 万美元，用来支付大学和研究生期间的学费。

西南集团在超过 13 个业务领域开设了子公司，包括世界著名的瑞杰金融集团，发展速度较快的直销公司 Wildtree，以及世界上最大的学校融资公司 Great American。综合起来，西南集团每年服务的客户超过 400 万名，收益达数亿美元。

但罗里要再次强调的是，西南集团的所有业务都有一个共同点，即为了帮助人们实现人生目标。现在，从你开始吧。

目 录

第 1 章

颠覆你认知的
时间倍增术

PROCRASTINATE
ON PURPOSE

你完全有机会成为一名成功者。要把时间花在哪、不花在哪，完全取决于你的意志。你唯一没有机会做的就是成为一个自称"太忙"的人。

你所有关于时间管理的知识都是错误的，这是我们尝试回答下面这个问题的前提，世界上最成功的人是如何分配时间的？

从 2007 年至 2015 年，我们和来自 27 个国家超过 7 000 个团队合作过，一对一培训过近 3 000 名学员，全程跟踪研究他们的日常生活至少 6 个月。正是在这个过程中，西南咨询公司确认了这个前提：你所有关于时间管理的知识，都是错误的。

成功者的思考方式往往与众不同，这促使他们做出与众不同的选择，进而取得与众不同的成果。至于大多数职场人士使用的时间管理方法，要么被这些与众不同的时间倍增大师升级加强了，要么被他们彻底抛弃不用了。

为什么这些人的思考方式会迥异于人？或许，并不是他们自己想要这样，是他们不得不如此。这些时间倍增大师知道，想要创造卓尔不群的结果，就必须采取与众不同的思考方式。因为虽然远大目标带来了更大压力，但帮助我们实现目标的工具同样更丰富了。同时，远大的目标改变了我们对时间的需求，甚至所有的一切都随之而变了。

每一天，我们起床、准备上班、付账单、做清洁、做饭、吃饭、消遣、做家务、睡前洗漱，仅仅这些杂事就花费了我们 5 小时的时间。

据《新闻周刊》报道，我们每人每天平均还要花 1 小时找东西！如果再把每天花在走流程、等指令的时间算进来，我们浪费的时间就更多了。

最近，我们针对 6 个不同行业的 800 万封公司电子邮件进行了为期 6 个月的研究，发现平均每位中高层管理人员每个工作日要处理 116 封电子邮件。但是，我们每天要处理的可不仅仅是电子邮件，还有电话、短信、会议、文件、报告、社交媒体更新等。

每天早上，很多上班族在开始实质性的工作之前，都不得不花 3 小时来处理日常杂事。结果，一种新型拖延症逐渐泛滥起来，它悄然席卷了所有办公室，带来了各种隐患。

- ♡ 创新力低下；
- ♡ 员工离职率提高，人力资本损耗增加；
- ♡ 信息流通渠道阻塞；
- ♡ 项目流产或屡次推迟交货截止日期；
- ♡ 人员闲置、工作不饱和；
- ♡ 浪费资源与潜力；
- ♡ 滋生毫无生机、令人窒息、充满压力和焦虑的文化氛围。

　　以上只是这种新型拖延症破坏性的一部分，更大的破坏在于它给无数公司带来每年数千万美元的资金浪费。更不用说其产生的压力摧残了多少职场人士的有限人生。

　　这种扼杀生产力的新型拖延症是如此普遍和强大，以至于成了当今时代最昂贵的隐性商业成本。我将这种新型拖延症命名为"优先权稀释综合征"（Priority Dilution）。

　　和传统的拖延症不一样，优先权稀释综合征与懒惰、冷漠、自由散漫无关。但二者造成的后果却是一样严重：重要的事项被一拖再拖，注意力被浪费在无关紧要的事情上。

讽刺的是，优先权稀释综合征影响的都是表现优异的人和长期超额完成任务的人，也就是那些试图把工作做到最好的高效能人士，或者说优先权稀释综合征对他们的打击更明显。因为能力非凡，所以他们需要承担的责任也就越来越重，直到最终超过负荷。

优先权稀释综合征患者通常都会有这种感觉：自己越努力，工作越落后。他们每发出一封电子邮件，就会收到两封回复。每完成一项任务，就有两项新任务等着他们。他们越是努力工作，就越会切身体会到道格拉斯·麦克阿瑟的那句名言的含义——只要还有时间，工作就会不断扩展，直到用完所有的时间。

他们的生活总是处于一种恒定的"被打断"的状态。对于这种狼狈的生活状态，他们自己贴切而又绝望的描述是"我总是不停地忙着四处灭火"。他们手忙脚乱，不堪重负，无休无止。他们知道自己正被这飞快的社会节奏越甩越远，却不知道一切会不会好起来。

你或许会认为我对优先权稀释综合征描述得分毫不差、简直准确极了，那是因为这就是我的状态。和我身边的作家、研究员、演讲家和"专家"不同，写作并非我的主业。我更重要的社会身份是一名企业家，一名推销员，一名销售经理和一名团队主管。我管理的团队规模现已达到 70 人，我每天都殚精竭虑地为他们服务。

因缘际会之下，我的处女作《通往成功的七级台阶》让我有了半分薄名。在此之前，我从未想过自己会写一本有关高效能的书。所以你大概猜到了，帮助世界人民解决时间分配问题，从来不在我的计划之内。一开始，我只打算解决自己的麻烦来着。现在，我就从原来我自以为自己知道的事情开始吧。

"平衡"是个伪命题

多年来，我一直相信自己真的很忙，我甚至需要给自己洗脑说："我就应该比别人更忙一些。"

每当我扔出口头禅"我现在忙得要死"时，别人总会配合地问起其中的原因，于是我戏剧性地长叹一口气，不厌其烦地告诉对方我是如何被肩上的工作压得喘不过气。

然而，我似乎是在故意让"我很忙"这个故事延续下去，因为它给我一种"自己是个重要人物"的安全感。这种自我美化真是可悲可笑。

直到有一天，我突然发现，那些真正的成功人士甚至从来不提起自己有多忙。不仅如此，他们根本对自己的所有事情都守口如瓶。据我所知，他们至少和我一样"忙"，而且肩负的责任比我要重得多。

终于有一次，我向一位成功人士请教了这个问题，她说："你终于意识到跟人抱怨自己的忙碌有多徒劳无益了。这是个好的开始，现在你就可以把精力集中在把事情做完上，而不是烦恼为什么自己必须做这些事了。"

那些成功人士的工作丝毫不比我少，但他们拥有一种我所不具备的平静。那种平静，源于他们对自身处境的坦然接受。

我从中学到了什么？不要再抱怨自己的忙碌，停止说"我太忙了"。问题不在于我有多忙，而在于我没有坦然接受自己的处境。但是，也不必为失去重心与焦点感到紧张和挫败。没关系，人人如此。我们要做的就是对自己的人生负责，因为我们所有的境况，要么是自己一手铸成的，要么是自己任由它发展至此的。所以，你不应该向别人抱怨自己有多忙。你我每天拥有的时间，和甘地、特蕾莎修女、迈克尔·乔丹等伟大成就者一样多，或一样少。问题一旦被接受，剩下的就是着手寻找解决办法。所以，我们要做的第一件事就是克制自己，不再抱怨自己有多忙，或者时间有多不够用。如果你放任自己天天唠叨这些，那你就会成为和我一样的失败者。

你完全有机会成为一名成功者。一切都在你的掌控之中，要把时间花在哪件事情、不花在哪件事情上，完全取决于你的意志。你唯一没有机会做的事情就是成为一个自称"太忙"的人。而这只是时间倍增大师与众不同的思考方式之一。

所谓的"时间管理专家"经常建议我们把握好工作和生活之间的平衡点。然而，我们和时间倍增大师相处得越久，就越会意识到，这种"平衡"根本就是废话。

平衡的概念对于时间分配来说，不仅是一个不和谐的隐喻，更是一种效率低下的策略。为了工作和生活的平衡而努力，是一个不切实际的想法。它不能让你实现自己真正追求的目标，所以你应该尽量避开这种"平衡"。

从定义上看，平衡意味着"在两个相反的方向上受到同等的作用力"，即我们要完美分配自己的时间和精力。但是，假设我们每天睡 8 小时，工作 8 小时，那么想要达到完美平衡的话，我们就只能再做一件事，而且同样要用 8 小时。这无疑是非常荒谬和过时的想法。

无论是在事业、家庭，还是人生中取得成功，都不代表我们要把自己的资源成比例地分配到各个领域。事实恰恰相反。**成功通常是这么回事：我们把自己的才能、金钱、时间或精力，在短期内集中起来，投入到一个优先的事项中，然后得到自己想要的结果。** 在《通往成功的七级台阶》一书中，我把这个过程称为"赛季"（Season）。另外，有一个词可以最准确地定义赛季，那就是不平衡。

- ♡ 比如，我们假设你负债数万美元。如果你每个月只偿还比最低偿还额高 10 美元的债务，那么你还清债务的那一天将遥遥无期。你必须想办法，减少生活中不必要的开支，把更多的钱用于还债，直到不再负债。

- ♡ 假设你的体重高达 90 公斤。那么，如果你每周只锻炼 10 分钟，你永远也别想瘦下来。相反，你必须好好规划生活中的其他事情，直到每周可以锻炼 10 小时或者更多的时间，只有这样，你才能把自己的健康状况改善到一个比较理想的状态。

- ♡ 如果一位企业家每周只工作 30 分钟，那么他的事业估计要在 500 年后才能腾飞。如果想要成功来得更早一些，那他每周需要投入的时间必须远远多于 30 分钟。

打破资源平衡，让它在短期内朝着一个方向倾斜，这种不平衡妙就妙在，一旦你得到了自己想要的结果，那么该赛季结束后，你想保持这种成绩将非常容易。你会很舒适地到达一个新的高度，而且并不需要为此付出太多代价。

将赛季与赛季后当成一个统一整体看待，有助于我们更深入地理解这一策略，即为了拥有充足的自由时间，我们需要在短时间内加倍努力。

♡ 一旦你还清债务，就不再需要每月为此支出一笔资金，那么你就可以更加轻松地变得富裕起来，并远离债务。

♡ 一旦你瘦身成功，那么你只需要每周稍微锻炼几次，就可以保持现在的身材。你的饮食也不必始终那么严格了。

♡ 事业走上成功轨道之后，老板就只要用极少的时间去做一些必要的管理工作，保证系统和人员都正常运转，就能让这项事业健康发展下去。

坐在这里写这行字的时候,实际上我已经闭关 5 天了,我打算暂时忽略掉生活中所有其他的事情。因为我知道,对我而言,这项工作本身就是一个时间倍增器。除此之外,我写这本书的时候集中了自己所有的精力,并发挥出了自己的最高水准,而不是花一辈子的时间,每天只写一句话。

以上所有的事例都是为了证明"为了拥有充足的自由时间,我们需要在短时间内加倍努力"这一策略的正确性。赛季的比喻,不仅在日常生活中有很强的实用性,而且也经常被那些保持着良好平衡的高效能人士(时间倍增大师)使用。

同时,与其说"平衡"是我们不能取得理想成绩的原因,它更像是一个为自己低效表现辩护的借口。平衡不是衡量自身表现的标准,更不是理想生活的基石。拥抱赛季,拥抱不平衡,拥抱"在短时间内加倍努力"的做法,不久你就会享受到更多自由时间。

"清闲的生活"不该是你的终极目标

我不确定自己是从哪里听到这个观点的,但我的人生中很多压力都来自这样一个想法：幸福人生的终极目标就是闲暇和退休。或许它源自婴儿潮那代人的潜意识："如果你工作足够努力，那么你就可以提前退休！"或许，它源自一个企业家之梦，我身边从事风险投资的朋友常说："只要你有梦想，就有可能在30岁之前变成富人。"或许，它源自所谓年轻一代总爱走捷径的心态。**不论是什么动机，将人生终极目标定为获得闲暇和提前退休都是完全错误的。**

你尝试过说走就走的10日旅行吗？你曾连续数天甚至数周睡到自然醒吗？你见过30岁就退休的人吗？如果你以上答案都是肯定的，那你的确可以尽情享受喝不完的玛格丽特酒，一觉睡到大天亮，看永远播不完的电视节目，直到最后发生了你预料之外的事情——你开始感到厌倦！

所有我想说的就是，请努力工作并享受成果。我相信，人们应该拥有一个充实又美妙的人生。我支持人们脚踏实地地追求自己的梦想。同时，我认为人们应该花时间做些自己喜欢的事情。当然，我也赞同每个人都希望自己的钱多到不知道该怎么花。但是，直到我和时间倍增大师相处了一段时间后才恍然大悟，原来工作并不是一件难以忍受的事情，它不是一场只有终点线的田径比赛，我们也不应该希冀自己有一天可以就此停下。

工作是生活的基础，是让我们内心满足的源泉。工作是我们的使命，它带给我们幸福和快乐，充实着我们的生活。从某种意义上，工作可以说是生活中最崇高的仪式之一！

我们不仅为工作而生，而且一旦不工作就会遭受惩罚。全球权威调研机构尼尔森的调查显示，65 岁以上的人，平均每周看电视的时间长达 48 小时，也就是说每天要看 7 小时电视！如果你问我对此有什么感想，我只能说这是一种糟糕的生活状态。

优秀的父母和伟大的领袖都需要工作，想在任何领域取得成功都需要工作。你见过从来不需要工作的人吗？你见过从未做过对他人有益的事情的人吗？你见过从不工作却成为人们争相效仿的社会楷模的人吗？一个也没有。既然如此，那为什么我们会有"工作越少，幸福越多"的错觉呢？

原因在于我们的脑海里有一个根深蒂固的观念，即如果我们忙于工作，那我们的人生就是失败的。我喜欢提姆·凯乐（Timothy Keller）在《每一次的努力》（*Every Good Endeavor*）中对人类工作意义的描述：

我们习惯把工作当成一种无可逃避的罪恶，甚至是一种惩罚。

实际上，工作也属于人类基本需求的一部分，就像我们需要食物、美貌、休息和友谊一样。工作不仅是我们人生中的一剂良药，更是我们的精神食粮。

抛开精神信仰不谈，我希望你能够体会到这种工作态度的价值，因为这正是高效能时间倍增大师的特征。

我并不是说，生命的一切意义都在于工作。但唯有适量地工作，我们才能拥有一个圆满的人生。工作让人生变得完整。工作就是自由。如果方法得当，工作就是一种极致的享受。

有钱人更愿意用成果换报酬

"效率（Efficiency）是正确地做事，效能（Effectiveness）是做正确的事。"在时间管理方面，我经常听到这句妙语。因为反复听到这句话，我不禁开始好奇，那些高效能人士是否真的赞同它？结果，虽然大多数人表示赞同，但我仍要说，这句话存在一些缺陷。

这句老生常谈无形中败坏了效率的名声。如果将效率定义为以最恰当的方式，投入最少的时间和精力把事情做好，那它看上去还有点追求的价值。无论是对个人还是对企业而言，没人会和"极大地节省成本"过不去。

更加有趣的是对于效能的探讨。Effectiveness（效能）源自拉丁词根的"effectus"一词，原意是"导致，做，使发生"，现在英语字典对它的释义是"可以胜任，具备一种得到证明的能力，可以达到某一目标，生产力高或能够得到结果"。很显然，效能的含义远不止于此。

时间倍增大师最明显的特征之一就是非常关注结果。事实上，一些成功人士也具有这样的特点，他们宁愿根据成果而不是花费的时间来获取报酬。

成功人士通常都明白风险和回报的内在关系。虽然并非每一次都是风险越大，回报越大（世界上有很多高风险低回报的蠢事），但有一点确信无疑，即回报越大的事情，风险和不确定性就越高。

成功人士最愿意冒的风险，就是根据自己的工作成果而不是工作时间来取得报酬。他们选择把自己当赌注。他们相信自己的自律和能力，能够带来满意的结果。

时间管理的奇迹

- ♡ 风险投资家把大量资金投入到新点子上，因为他们相信，凭借自己的能力和团队，能够创造出会带来巨额回报的产品。

- ♡ 销售人员投入大量的时间和精力进行电话推销，期待自己最终能够取得高额的佣金，并希望自己销售的产品可以得到别人的推荐，从而让业绩一路飙升。

- ♡ 中高层领导者必须对不确定的未来做出艰难的抉择，如果洞察力足够敏锐，他们就能从公司高额的年终利润中得到分红。好的决策能得到丰厚的金钱回报，而错误的决策则会让他们收获微薄。

- ♡ 企业家为了自主掌控命运，选择了一种冒险的生活方式：在所有员工都领完工资以后，他们才能领取属于自己的那份。

- ♡ 直销公司的招聘人员选择放弃传统薪酬制度，是因为他们坚信，如果自己帮助足够多的人取得了成功，他们的回报就会更多。

这只是一些愿意为高回报承担高风险的时间倍增大师的少数案例。确实，这些人有时候也会输，甚至一败涂地，但是他们也会赢回更多，因为他们把自己当成赌注。他们赢得回报，只因他们勇敢地承担了遭受损失的风险。

但以上所有案例都有一个共同点，即他们是根据成果取得回报，而不是根据行动、时间投入或努力程度。他们得到巨额的奖赏，不是因为过人的资质、才能和生产力，而是因为他们创造的杰出成果。

普通人与时间倍增大师的关键区别在于，对时间倍增大师而言，成果并不只是与效率或效能有关，还与效力（Efficacy）有关。字典对效力的定义是"一种能够成功达到预期结果的能力"。

有一点不可否认的是，效率、效能、效力这三个词的意义非常接近。即便有什么明显区别，也仅仅是在语义学层面。但有一点非常重要，即想要成为时间倍增大师，仅"具备胜任能力"或"可以达到某一目标"是不够的。时间倍增大师必须能够创造出自己想要的成果。对他们而言，是否正确地做事并不重要，做正确的事也还不足够，事实上，让时间倍增与把事情做好完全无关。对时间倍增大师而言，一切的一切都是关于得到自己想要的结果。

我们都太执着于自己做了什么，而不是自己做到了什么。我们一直一厢情愿地以为"没闲着就是在工作"。很多时候，如果付出和努力打了水漂，我们就会用错误的满足感去安慰自己。

　　所以，你或许已经认识到：**忙碌并不是一种美德；平衡是个虚伪的概念；闲暇并不是人生的终点；效能并不是事物的关键。你所有关于时间管理的知识，都是错误的。而一切才刚刚开始。**

时间倍增大师手记

要　点

○　优先权稀释综合征是这个时代的新型拖延症。
高效能人士也会患优先权稀释综合征。

○　我们经常听到的有关时间管理的警言妙句，并不
被时间倍增大师认同。

意外发现

○　告诉自己和周围的人"我很忙"是一个非常不利于
自己的行为，它不仅会侵蚀你的自我掌控感，还
会让你丧失解决问题的能力。

○　平衡是一个虚假的概念，它无法让你达到目标。
时间倍增大师认为，人们应该懂得在短时间内打
破时间和精力的平衡，专注于创造想要的结果。

○　闲暇是一个极具迷惑性且使人贪得无厌的目标。
工作很美好，工作应该成为人生乐趣的一大源泉。

♡ 结果是最重要的，也是时间倍增大师热切追求的
目标。如果你专注于结果，发挥自己的创造力，
那么你得到的结果将超出预料。

令人惊叹的数据

♡ 每个人平均每天要花 1 个小时找东西。

♡ 65 岁以上的人，平均每周看电视 48 小时。

问问自己

♡ 如果你把自己以前对时间管理的认知全部忘记会
怎样？

第 2 章

传统的时间管理
仍然还有局限

PROCRASTINATE
ON PURPOSE

无论何时，你总能找到可以做的工作。你永远都有提升的空间，你总有更远大的目标可以追逐。而传统的时间管理对人们的帮助却十分有限。

时间管理的奇迹

曾有一位教授在讲台上放了一个玻璃杯，杯子里装满了粗粝的石块。他问："同学们，这个玻璃杯满了吗？"同学们回答："当然，它满了。"

得到回答后，教授从讲台后抓出一把事先准备好的小石子，慢慢放入玻璃杯中，直到小石子填满了石块之间的缝隙。教授又问："同学们，现在玻璃杯满了吗？"同学们会心一笑，然后点头："是的，是的，现在它才是满的。"

然后，教授又从桌子下面端出一杯细沙，缓缓倒入玻璃杯中，沙子填满了石块和小石子之间的缝隙。教授再问："同学们，现在玻璃杯满了吗？"看起来玻璃杯里已经没有多余的空隙了，于是同学们说："是的，现在绝对满了。"教授微微一笑，不动声色地从讲台后又拿出了另外一样东西，这次是一壶水。教授当着全班人的面，把水倒进了玻璃杯里，然后对同学们说："生活中，我们总是以为自己已经'满了'，但只要我们肯思考，总能找到提升的空间。"

这或许是我们听过的有关自我发展的最老套的故事了，但据我所知，世界上再没有其他故事可以比它更贴切地描述目前最流行的时间管理策略。

这个故事是关于效率争论的缩影。它告诉我们，时间就像海绵，挤一挤总会有的。它很符合传统时间管理思维。因为它的基本思想都是关于如何利用工具和技巧，让人们在一天之内完成更多任务。

你管理不了时间，但你可以管理自己

时间管理的核心就是效率，如果可以更高效地完成手头工作，我们就能挤出时间做其他事情。这是一种一维线性思维模式。如前所述，更高效地处理手头工作，确实可以为我们带来巨大的效益，并极大节省成本。

然而，杯中水的故事有一个致命的缺陷，即它忽略了一些重要的现实问题。换句话说，它在课堂上有很好的教育意义，但如果真的运用到日常生活中，就有些捉襟见肘了。这个故事中，我们只要把东西准备好，并将其按照适当的顺序倒进玻璃杯，它们就会完美地组合起来。但现实世界中，计划永远赶不上变化，不论你安排得多么完美，仍然有无法控制的情况。更何况，世界上并没有规定说，我们的目标只能是在有限的时间里做更多事情。请记住，我们的真正目标只有一个：得到更多的成果。

　　主角依然是玻璃杯，让我也讲个故事吧。玻璃杯代表我们一天所拥有的 24 小时，水壶中的水代表我们要做的所有事情（见图 2.1）。如果你做每一件事情都保持着非常高的效率，那么你根本不用往玻璃杯里装石头，只要灌水就行了。

需要做的事

你的 24 小时

图 2.1　你的生活与时间

　　你最后会发现，无论你把时间管理得多好，无论你的效率多高，玻璃杯里的水最终都会溢出来。为什么？原因很明显，但值得特别强调。**等着你去做的事情，永远比已经完成的事情更多**。无论何时，你总能找到可以做的工作。你永远都有提升的空间，你总能再做些什么，你总有更远大的目标可以追逐。

　　再强调一次，效率依然非常重要。但等着我们去做的事情永远比我们能做的事情多，所以效率和一般的时间管理对我们的帮助十分有限。在为西南咨询公司的客户提供服务时，我发现，改进版的杯中水的故事，非常直观地再现了他们的感受。

　　我们的客户的工作效率、强度在历史上都是空前的，他们掌握着十分先进的工具和科技。他们咬牙拼命，却依然神经紧绷，每天的工作进度也越来越落后。他们的玻璃杯太小，水都溢出来了。

　　之所以会如此疲于奔命，是因为他们仍然停留在一维线性思考阶段，以为"只要加快速度，就能处理好一切"。加快速度没有错，速度更快是在工作上超越他人的重要优势，同时它也是《通往成功的七级台阶》主要关注的课题之一。

　　但如果认为更长的工作时间和更高的工作效率，就是卸下工作重负的终极答案，那他仍将长时间承受超负荷带来的压力。因为他根本没有意识到，这是一条没有终点的跑道，是一场没有赢家的比赛。

事实上，这种人之所以无法摆脱陈旧的思维方式，是因为他们觉得，否认这一点就等于是在认输。他们宁愿承受痛苦，也不愿改变。某种程度上，时间管理这个词的现实语义，就是把时间管理和效率的一维线性思考方式强加给人们，让人们认为管理好自己的时间，就是要更快地工作，并在有限的时间里处理更多的事情。换种说法，就是充分利用时间。这不就是效率的含义吗？在有限的时间中激发自己最大的潜力。但真相是：你根本没办法管理时间。

人们总是在谈论时间管理的技巧。或许你也看过一两本这方面的书。你感觉自己还有提升的空间，或者对时间管理策略感到好奇。或许你之所以拿起这本书，也是出于这样的动机。但很遗憾，你无法从这本书里学到任何关于时间管理的技巧。**因为世界上根本不存在时间管理，只存在自我管理。**

你无法管理时间，你无法控制时间。你无法启动时间，也无法让时间停止。你可以更快或更慢地工作，但无论做什么，时间都在以同样的速度流逝。但是，你可以管理自己。

你可以决定今天做什么。你可以决定哪些事值得做，哪些事不值得。你同样可以选择专注于某件重要的事情，或者选择放任自己在充满各种诱惑和干扰的大海中随波逐流。人能控制的只有自己。一旦你意识到这一点，你就可以开始排列事务的优先顺序了。

为什么总有人把孩子或家庭当成工作中的障碍

特蕾西·克里斯特曼

百吉百叶窗公司副总裁，加拿大

当今世界，有 70% 的妈妈没有放弃在职场拼搏。职场妈妈非常普遍，但在特蕾西·克里斯特曼看来，女性并不需要在好妈妈和好上司之间做选择题。作为百吉百叶窗公司的副总裁，特蕾西负责供应商联盟事务，管理着 9 位头脑聪明、悟性极强、非常具有服务精神的下属。

特蕾西满世界奔波，到处开发供应商，并维护公司和供应商之间的关系。这些关系对公司的快速发展至关重要。但你可以想象，作为两个孩子的母亲，

时间管理的奇迹

特蕾西的时间常常不够用。

"坦白地说，我必须兼顾工作和家庭。我的第一大梦想是成为一位合格的母亲，所以，有时候我会想，自己或许在工作中投入了太多时间。"特蕾西谦逊地说，"但后来，我把这种挣扎当成人生的一种考验，我必须克服它。并且，我的家人和同事已经结成联盟，在背后默默地支持我。"

特蕾西继续说："我和丈夫坐下来谈过一次，我们决定，彼此要像一支团队一样相互支持，以保证我既能在工作上表现优异，又能在家庭中承担一位合格母亲应该担负的责任。我们希望孩子们知道，在我们心目中，他们永远排在第一位。孩子们也非常懂事，我们总能找到特别的交流方式。

"在他们年幼的时候，我如果要出差，就会先买两本故事书，一本给孩子们，一本我自己带着。作为一种不可违背的规定，每天晚上，我都会在同一时间打电话回家，给他们讲故事。我们做到了真正的亲子交流。

"回想起来，如果我真的在家，或许孩子们反而不会和我有那种心灵上的互动。无论何时，我出差回来后，都会专门花一些时间和孩子们相处，分享一路的趣事和见闻。

"事实上，作为母亲，我可以得 120 分。有时候，我的忙碌或许变成了一种恩赐，因为这让我学会了排列事务的优先顺序。慢慢地，我开始在适当的时候，坦然地拒绝某些事情，捍卫自己和孩子的相处时间。反过来，这种压力迫使我更加努力地工作，帮助公司成长，并最终让它达到一个我原来不敢想象的高度。持续的压力，提升了我清晰迅速地评估事物价值的能力。结果就是，无论是在生活中还是工作中，我都会问自己，接下来真正重要的事情是什么？"

和绝大多数时间倍增大师一样，特蕾西十分感谢时间给予自己的考验。同时，她也很感谢伴随自己一路的好运气。无论她做什么，事情最后都成功了。虽然她同时要操心一个 16 岁和一个 20 岁的孩子，但她管理的公司的连锁机构已经从 110 家发展到超过 1 000 家。

特蕾西用一段非常精辟的话，总结了自己对时间的看法："我只是不想在好妈妈和好上司之间做选择题罢了。我非常不理解，为什么有的人把孩子当成了自己无法专心工作的借口。家庭或孩子不会成为我工作中的障碍，相反，他们是我必须在工作中取得成就的理由。"

别让"紧急性"蒙住了双眼

一旦你承认自己无法管理时间，你只能管理自己，并且接受自己能够做的事情比想象中要多，那么一种新的策略就诞生了：排列事务的优先顺序。

字典中，所谓排列顺序，即把要做的事项按照优先级从高到低排序。优先级的定义是，在时间上或事情发生顺序上位置的前后。

结合起来，"排列事务的优先顺序"就可以理解为"按时间或事情发生顺序安排要做的事项"。换句话来说，排列事物的优先顺序，就是把一项任务排在另一项任务之前。然而，如此简单的一句话，却蕴藏着十分重要的价值。就像效率和时间管理的概念一样，这句话将对人类生活帮助巨大。

过去 30 年中，人们已经开始懂得排列事务的优先顺序，我认为其理论支持来源于史蒂芬·柯维博士的经典著作《高效能人士的七个习惯》。这本畅销书的全球销量超过 4 000 万本。史蒂芬·柯维的书，影响了很多人的人生轨迹，包括我在内。

《高效能人士的七个习惯》的第三章告诫了人们"要事第一"，它很快成为全世界重新看待时间的基本观点。也就是说，事务优先级的高低等同于效能的高低，柯维博士首次向全世界宣布："一切的关键，不在于日程表上的事情如何排序，而在于你如何安排自己事务的优先顺序。"

随后，柯维博士提供了一个方法，让人们意识到，并非所有的任务都是平等的。这个方法迅速风靡全球，离开它，人们好像就没办法谈论生产力了。柯维博士把它命名为"时间管理优先矩阵"。

时间管理优先矩阵非常简单，纵向代表事情的重要性，横向代表事情的紧急性，见图 2.2。于是，我们日常生活和工作中的所有任务被分为四个类别：

♡ 重要且紧急；

♡ 重要但不紧急；

♡ 紧急但不重要；

♡ 不重要也不紧急。

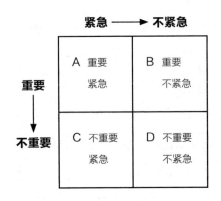

图 2.2　时间管理优先矩阵

　　既然你在读我的这本书，那么你多半对以上分类非常熟悉，且深知其强大的力量。（如果你还没有读过柯维博士的这本书，我向你强烈推荐它。）柯维博士建议，我们首先应该专注于 B 区域，即"重要但不紧急"的事情，比如规划策略、维护关系以及识别并投资新的机遇等。

　　但是，对我们大多数普通人而言，最大的挑战在于我们总是挣扎于 A 区域"重要且紧急"的事情当中，从而放弃了 B 区域中"重要但不紧急"的事情。

　　某种意义上，时间管理优先矩阵最智慧的地方在于它创造了一个二维模型，帮助我们思考并决定时间分配。效率是一个线性模型，它只考虑我们如何加快速度，以便处理更多的事情；而时间管理优先矩阵则在时间分配问题上引入了两个因素：重要性和紧急性。

这个旨在帮助人们排列事务的优先顺序的策略，一下子把人们对效率和速度的关注，转移到了如何把精力集中到最重要的事情上这个问题上。

我忍不住猜想，柯维博士某些观点可能受到了查尔斯·赫梅尔（Charles Hummel）于 1967 年写的著名随笔《紧急性的暴政》（*The Tyranny of the Urgent*）的影响。总体来说，赫梅尔先生和柯维博士都把矛头对准了这个无可争辩的导火索——紧急性。通俗地讲，我们很多人都因此成了"救火队员"。

很明显，我们在工作中分配时间时，紧急性仍然是一个突出且普遍的挑战。在《通往成功的七级台阶》中，我在不经意间把这种挣扎的状态形容为"优先权稀释"。而意外的是，这一概念得到了几乎所有主流媒体的集中报道。正是因为这个原因，我才决定写这本书。

当有限的时间遇上无限的任务时

请允许我重复一次杯中水的故事，以还原一般情况下，人们分配时间的过程。这次，杯子里的水不再代表你需要完成的任务，而是你一周需要分配的 168 小时。另外，你需要按照上述的 4 个区域来区分哪些是最重要和最紧急的事情。

为简单起见，我们假设你现在需要把时间分配到生活的不同方面。《通往成功的七级台阶》中提到，"五星级人生"一般会包含这六个领域：

♡ 信仰   ♡ 家庭   ♡ 健康

♡ 乐趣   ♡ 工作   ♡ 财务

下面我们用六个玻璃杯代表生活的这六个领域，见图 2.3。

168 小时/周

信仰　家庭　健康　乐趣　工作　财务

图 2.3 "五星级人生"的六个领域

34

　　排列事务的优先顺序的原理在于把一项任务排在另一项任务之前。这是人们（通过一些如时间管理优先矩阵或其他的方法）自觉选择首要关注事项的过程。所以，我们需要把时间花在最优先的事情上。

　　我们假设你原来排列出的优先顺序是像图 2.3 那样：扣除睡眠的时间后，你要把代表剩下时间的水分配到其他玻璃杯中去，直到所有的水被分完。因此，你的生活看上去或许是这样的（见图 2.4）：

168 小时 / 周

信仰　　家庭　　健康　　乐趣　　工作　　财务

图 2.4　你原来的生活状态

　　我得承认，尽管我是一个天生的怀疑论者，但我依然非常欣赏那些永远的乐观主义者，他们坚持认为自己能够找到把所有玻璃杯倒满的方法。虽然这是美好的愿望，但它并不是可行的计划。一方面，无论你多么未雨绸缪高瞻远瞩，我们的时间都是有限的；另一方面，世界上有无数事情等着我们去做。

所以，排除掉刚才那个理想化的观点，看看真正分清事物优先顺序的人生会是什么样子吧。你会把时间和注意力集中在最重要的事情上，会把一项任务排在另一项之前。我们先假设对你而言，信仰是最重要的事情，其他的事项也按照权重依次排好，那么你就会恰当地分配自己的时间，并最终在所有事情上得到自己期望的结果。

当你想要在更多领域取得更好结果时，矛盾出现了：或许你对自己和家人的亲密关系感到满意，但你却没办法在工作上取得更大的成功；工作受阻之后，你可能会遇到财务危机，于是矛盾和痛苦在所难免。

那么，接下去一周我们应该怎么做？你会重新思考最重要和最紧急的事物是什么。于是，你花更多的时间待在办公室，花更多时间提升自我；你努力工作、前进、学习，以便取得更好的成绩，赚更多的钱回家。也就是说，你成功地重新排列了事物的优先顺序，把新的重要的任务排在了第一位。现在，你的生活是这样的（见图 2.5）：

168 小时 / 周

工作　　财务　　信仰　　家庭　　健康　　乐趣

图 2.5　你现在的生活状态

　　你得到了新的解决方案，但又有了新问题。重新排列优先顺序后，你把大量时间花在工作上，以至于好几周都没去健身房，于是腰部赘肉渐生。生活中感到力不从心的你，依然快乐不起来。为了完成工作目标，你忘掉娱乐和社交，但你因此而感到快乐吗？

　　接着你决定：“身体不健康，我不快乐！我要改变，我要调整生活的重心，这次我要变得身材有型！”不仅如此，由于你之前全身心投入工作，严于律己、充满干劲，并品尝到了职场成功的甜头，于是你又决定：“我要身体和工作的双赢，我还要享受生活，毕竟人生苦短，所以我要将更多旅行规划排上日程！”

无论你是谁，如果你没有明白成功在你今后的人生当中有着怎样的意义，那么你的生活很可能在短期内失控。

再一次，你重新排列了各个事项的优先顺序。你开始往健身房跑，继续在职场拼搏，一边赚钱，一边腾出时间娱乐。一切看上去完美极了。直到有一天，你发现你的生活成了这样子（见图2.6）：

168 小时 / 周

健康　　工作　　财务　　乐趣　　家庭　　信仰

图2.6　你理想中"双赢"的生活状态

你很少和家人在一起，而且生活失去了重心。你已经很长一段时间没有去教堂，也没有时间自我反省。"这怎么可能？我那么努力地工作，那么高效地运转，我发挥最大潜能，尝试排列事务的优先顺序；我读了所有书，参加了所有培训课；我找了咨询顾问，拥有生活目标，我应该正走在通往成功的七级台阶上！我在正确地做事，也在做正确的事，为什么我还是没时间？！"

　　你现在的处境，也困扰着世界上数亿人。除非把自己逼疯，否则无论多么努力，我们依然没办法打理好生活的每个方面。我们无法达到内心的平静，我们感到挫败。我们无法完成工作，手头一团乱麻。我们无法产出成果，任务无穷无尽。我们快要精神分裂了。我们不禁怀疑："一切还会好起来吗？处理好所有的事情的那一天会到来吗？我要一辈子都这么忙碌和疲惫吗？"

　　我深知这种感觉，因为我也有过同样的想法。但在开悟的那一刻，我突然明白过来："我一定是错过了什么，一定有其他的方法。"

时间倍增大师手记

要 点

♡ 时间管理是一维的思考方式。这个策略的局限性在于等着我们去做的事情永远比我们能做的更多。

♡ 按优先顺序分配时间，就是把一项任务排在另一项之前。虽然这种方式的效果越来越显著，但我们必须意识到它和创造时间无关。这种方式不过是在把你生活中一个领域的时间挪到另一个领域中去。它会产生历史遗留问题，即无法处理生活中其他需要完成的事情。

意外发现

♡ 世界上没有时间管理，只有自我管理。

♡ 现有的时间管理理论，为我们提供了两种产出更多成果的方案：

（1）加快速度（跑）；

（2）永不停歇地调整优先顺序（抛球杂耍）。

♡　由于缺乏策略，我们经常感到压力山大、焦虑、

挫败、分裂，最终筋疲力尽。

♡　"紧急性的暴政"引发了优先权稀释综合征，优先

权稀释导致我们忽略了重要不紧急的事情。

令人惊叹的数据

♡　这个时代，有 70% 的母亲进入了职场。

问问自己

♡　我可以凭借速战速决而得到生活中想要的一切

吗? 还是说我应该另寻他法?

第 3 章

让你时间倍增的
重要元素：意义与情感

PROCRASTINATE
ON PURPOSE

当高效能人士意识到自己无法管理时间，且挪用时间具有局限性时，他们开始自觉学习时间倍增术。而作为普通人，我们要如何做才能让时间倍增？答案其实很简单。

排列事务的优先顺序，是一项宝贵的技能。但就如时间管理有其局限性，按优先顺序分配时间也并非十全十美。

请别误会，我并不是说排列优先顺序的做法是完全无效或者完全错误的。它是进行自我管理的有效工具，是你箭筒中一支强矢，你应该让它时刻保持锋利。但是，请记住一点：你要知道它能做到什么，以及做不到什么。

心无旁骛地追击最重要的目标，会让你在生活和工作中得到渴望已久的结果。排列优先顺序是很有用的技巧，但是你必须意识到，排列优先顺序并不会为你创造出更多时间。

按优先顺序分配时间，实际上是这样一种技巧：忽略某件事，专注其他事。它没有让你的时间增多一分一秒，充其量只是时间的再分配。我们可以将自己的生活想象成一大壶水。改变生活中各事项的优先顺序，就相当于把一个玻璃杯里的水，倒进另外一个玻璃杯，而水本身的总量并没有增加。所以，排列事务优先顺序并没有让我们的时间变多。我们只是在拆东墙补西墙。

把生活中某个领域的时间，挪用到另外一个领域，这正是玻璃杯比喻的强大之处，它把我们的生活状态，直接地呈现出来。这种生活状态令人沮丧，因为我们如此努力又如此徒劳地尝试把有限的人生分配到无限的生活中。

这或许就是俗语"生活就是一场抛球杂耍"的出处，这句话准确形容了我们的生活状态：要完成的事情一件接着一件，我们甚至还试图同时推进所有事情。

抛球杂耍并没有错，特殊情况下它确实会在我们的人生中起到关键作用。但是，如果抛球杂耍是你分配时间的首要策略，那么身心疲惫将是无法避免的结局。为什么？因为抛球杂耍永远没有终点！抛球耍得再好，也不过是无止境地抛下去。坦白地说，开始合作的时候，我们大多数客户都处于这种狼狈的状态。他们被球耍得团团转。

事实上，我认识一些世界顶级的"抛球大师"。不仅如此，他们当中有人还把时间管理和按优先顺序分配时间两种方法结合起来，创造出一种更加疯狂的高速抛球游戏，像真正的抛球杂技演员一样，一刻不停地重新排列重要事项。

在信息爆炸的现在，我们需要同时处理很多事情，但就在我们刚按照轻重缓急安排时间后，下一秒或许就又要根据新的信息重新排列事务的优先顺序。讽刺的是，这只会导致我们越来越忙，事情越来越多。因为我们想要把抛球游戏耍得更好，只有两种方式：

- ♡ 抛更多的球。
- ♡ 把球抛得更快。

对速度的执着，来自时间管理一维的思考方式。它告诉我们："如果我动作够快，就能抛足够多的球。"对数量的追求，来自按优先顺序分配时间的二维的思考方式，它告诉我们："如果我能更好地集中精力，专注紧急又重要的事情，我就能同时抛更多球。"

如果把上述两种方式当成自己的首选策略，那么随着时间的推移，最终我们会发现自己像笼子里的仓鼠一样，永远无休止地在滚轮上冲刺，因为我们得同时玩转 127 个甚至更多球。一旦头脑中形成这种认识，那么当新球加入进来时，我们就必须再次提升能力，要么把球耍得更快，要么抛更多球，甚至是二者同时进行！也就是说，在一种只包含时间管理和排列优先顺序的策略中，你只有两个结局：

- 尽可能快、尽可能久地把抛球游戏持续下去，直到精力耗尽。
- 所有球都摔在地上！

知道真相的感觉如何？我们充其量不过是玩杂技的小仓鼠，终日惶惶地朝一个必然毁灭的结局冲刺？难道你不曾有过那种感觉吗？我有。或许这就解释了为什么超过 4 000 人的职场调查却能得到统一的回应：虽然我们工作的时间比以前更长，但 74% 的人认为自己并没有充分发挥工作潜能。亲爱的读者，我不知道你是怎么想的，但我不喜欢这样的人生。辛辛苦苦一辈子，最后的结局却逃不过这两种：要么筋疲力尽，要么沦为失败者。所以我拒绝在这两种策略做选择。

放眼长远，让选择更有意义

那些成功人士会如何解决时间分配问题？相比我们这

些小仓鼠，他们的决策方式有何不同之处？我们培训了数百名成功人士，并对数千人进行了统计研究和采访。可以确定的是，他们的思考方式的确与我们存在很大差异。

在《通往成功的七级台阶》里，我们发现世界上最严于律己的人，其实和我们一样讨厌纪律，只是他们对纪律有着不同的理解，对时间分配也一样。世界上大多数人还是按照重要性和紧急性的二维模型来决策，时间倍增大师则以"意义"（Significance）为基础概念，引入了第三个计算维度，从而建立了一个三维模型。但这个三维模型并不是毫无根据的，它是在二维时间管理优先矩阵的基础上增加了一维：X 轴代表紧急性，Y 轴代表重要性，Z 轴代表事物的意义。如图 3.1：

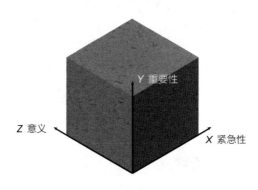

图 3.1 三维思考模型

如果紧急性衡量的是影响力在多久之后产生，重要性衡量的是影响力的大小，那么意义衡量的就是影响力持续的时长。意义并不是完全孤立于重要性的因素，而是衡量事物重要性的另一个维度。这就产生了三维思考模型。其横截面如图 3.2：

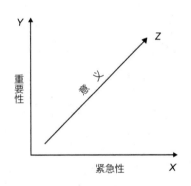

图 3.2　三维思考模型的横截面

三维思考模型的强大之处在哪里？听我细细道来。

就如同紧急性是衡量事物重要程度的标准之一，意义也是如此。当你衡量事物的意义时，它会抵消掉紧急性的部分权重。而紧急性正是导致优先权稀释综合征的罪魁祸首。优先权稀释综合征经常把我们的注意力从重要不紧急的事情转移到重要且紧急的事情上。这将导致我们忽略那些对长期成功意义重大的事物，即稀释了事务的优先顺序。

假设你在提高客户服务上很有想法，它也是你工作职责之一，那么今天你有两套时间分配方案：

♡ 为你的团队进行客户服务培训。
♡ 为顾客提供高质量的私人服务。

如果只考虑紧急性，那么很明显，你应该选择第二个选项。但如果考虑到事情的意义，那么你一定会更多地考虑第一个选项。如果你尝试进行时间管理，并高效率地服务有紧急需求的顾客，那么今天你的确可以赢得更多客户，但客户的数量将非常有限。如果你排列事物的优先顺序，先服务最重要的顾客，那么你的效能会提升，但这并不能保证你可以满足所有的客户的所有需求。

然而，如果你把时间投入团队培训，那么这将意义深远。因为你培养了更多优秀的客服代理，所以能够得到高质量客户服务的顾客的数量也将实现指数级增长。你向顾客提供的高质量服务，仅在今天是重要的决策；而培训可以让你的团队为每位客户都提供高质量服务，所以它的意义更加重大，影响更加深远。

　　我并不说哪种选择是对的，哪种是错的，也不是告诉你哪种选择比哪种更好。事实上，不同情况下，对不同的人而言，两种选择都可以是正确答案。我想要传达的是，意义这个新因素会对你的决策产生一种情感效应（Emotional Effect）。

　　衡量事务的意义，需要我们从一个完全不同的层面思考。我们不仅需要考虑当下什么是重要的，更要考虑将来什么是重要的。因此，我们必须提升分辨紧急性事务的能力。高效能人士正是这么做的。

　　再举一个例子。在什么情况下，一名主要为富人提供服务的理财顾问，会放下手头工作，接洽一名穷困潦倒的大学生？

　　如果只考虑事务的紧急性，那么你的答案将是"除非母猪上树"。因为这说不通，理财顾问没理由丢下那些富裕的中年人，而把时间花在身无分文的年轻人身上。

　　曾经我是百万圆桌会议①的主讲嘉宾，和全世界超过90个国家超过 8 000 位优秀的财务顾问打过交道。在一次教学分会上，我从一位顶级精英身上学到了一课。

---

①百万圆桌会议是全球寿险精英的最高盛会。——译者注

这位顶级精英说："大多数理财顾问经常会犯这样一个错误，即根据现有财富规模对客户进行分类。这种做法忽略了未来的可能性，短浅的目光一次又一次地害他们错失了重大机遇。当一名富裕的客户去世之后，他的钱都去哪儿了？如果你花一分钟仔细想想，那么答案很明显：他会把财产留给孩子！

"如果在那些年轻人继承遗产的时候，你却还没来得及和他们处好关系，你觉得他们会怎么处置那笔钱？当然是挥霍掉！更糟糕的是，把那笔财产交给其他人打理，把它交给另一个他们了解和信任的人。"

在那种情况下，花时间和遗产继承人打成一片，不仅是很好的选择，而且是重要的优先事项，是能够带来收入的行为。这就是我们在西南咨询公司所讲的"关键成功因素"。

还有什么情况，会让理财顾问愿意在一名穷大学生身上花费时间？假如这位大学生是有机会进入职业体坛的运动员呢？仅考虑事物的紧急性，你或许不会选择和他们浪费时间，然而一旦你考虑长远意义，结果就不一样了。

现在，你已经很熟悉这两个例子了，但时间倍增大师也和你持有同样的观点吗？时间倍增大师的决策并不仅基于此时此刻，他们在做决策时会展望它对未来的影响。这

需要的并不仅是戒律或钢铁意志，这只是从不同角度得出
的不同结论罢了。

时间倍增大师一天中的第 25 小时

　　当高效能人士意识到自己无法管理时间，且挪用时间
具有局限性时，他们开始自觉学习时间倍增术。作为普通人，
我们要如何做才能让时间倍增？答案其实很简单。下面这
句话，就是本书的唯一核心论点：**把今天的时间分配给那
些可以为明天创造更多时间的事情，你的时间就可以倍增。**

　　在不考虑意义的情况下，想从时间的枷锁中解脱的唯
一选择就是更快速地工作，并在不同的任务之间狼狈奔波。
我工作得越快，可以接手的工作就越多，紧急性任务也就越
多。这种工作速度和工作量的恶性循环最终快把我逼疯了。
我每天都忙到筋疲力尽才上床睡觉，第二天一起床，就继
续做和头一天同样的事情。最好的情况，我也只能在工作
上稍微取得一点进步，或在忙碌的生活中偷得片刻喘息。

　　后来，当我开始想办法让时间倍增时，一切都发生了
改变。我的视野更宽广了，眼光不再局限于今天。开始考
虑事情的意义之后，我会更多地思考：今天所做的事情，

会对明天产生什么样的影响？

我意识到，今天牺牲掉一些处理紧急性任务的时间，会对明天产生积极的影响。这样，我就可以为未来创造出更多的空间和可能。我可以在今天做一些让明天变得更好的事情。我现在所做的某些选择，可以让将来变得更加从容。长久以来，我第一次真正感觉到转变的契机来了。

立刻，我的灵魂感到了自由。马上，我的内心获得了平静。最终，我的人生又燃起了希望。我可以把今天的时间花在将对明天产生积极影响的事情上。我知道应该做什么了——任何可以把明天变得更轻松的事。而且，我也知道了应该停止做什么——停止仅仅考虑今天。

突然之间，一切看上去如此明显。**打破"紧急性暴政"的唯一方法，就是走在它前面，阻止它发生。**既然再快的速度、再高的效率和再完美的优先顺序，也无法让我处理完紧急事务，那为什么还要白费力气？

相反，为什么不把今天的时间用来处理明天可能发生的紧急状况？如果我今天就能把明天的紧急状况排除掉，那么到了明天，我就只需要继续关注有意义的事情。更不用说，第三天出现紧急情况的概率也大大降低了。一切真的就是那么简单。

把今天的时间分配到可以为明天创造出更多时间的事情上，时间就会倍增。然而，我们都知道，简单并不总是等同于容易。

建立"绝对日程表"：给每天的工作量设定限制

皮特·威尔逊
教会工作者，美国田纳西州

如果你觉得自己时间不够用，那么请想象一下，如果自己是一名牧师，每天的生活将是怎样。牧师全部的人生意义在于为人民服务。所以，很不幸，你的门口永远都排着长到没有尽头的队伍，这支队伍由无数破碎的家庭、破灭的梦想和崩溃的心灵组成。想象一下你内心的煎熬吧，你要回应每个人的需求，每个人的召唤，而且你还要随时抽空为身边的人树立榜样，告诉他们一个美满的家庭是多么重要。这种压力想想就觉得可怕。

不管是否公平，你的人生根本没有资格沮丧、绝望甚至疲惫。因为每个人都在看着你，想被你指导，想了解你这个"有灵魂的人"是如何度过每一天的。也就是说，世界上没有任何人会主动注意到你的牺牲和风险。另外，大多数领导者激励团队的方法，对你都基本无效。

如果这还不够艰难，那么再加上这一点：你需要应对几乎来自所有社会和经济背景的人的期望。他们当中，大多数人都深刻地信任着你的决定，以及你对时间的分配方式。而且你深知自己身边环绕着各种各样的怀疑论者和批评家，哪怕你犯下最小的错误，他们也会迫不及待地把它揪出来公之于众。教堂之于牧师，一如公司之于管理者，他们要面临同样的挑战和压力。撇开其中的宗教意味，在这个现代社会，一名牧师所能创造的最伟大奇迹，就是选择成为一名牧师。

对皮特·威尔逊这样的人来说，处理上述问题并非一种压力，虽然皮特有很多事情需要排列优先顺序。

"罗里，如果我有资格分享自己在充分利用时间方面的某些心得，那么我只想说，这是因为我犯过无数普通人都会犯的错误。"皮特有一次这样对我说，"刚满 20 岁的时候，我就开始探索属于自己的成功定义。一开始，我浪费了大量时间，因为我把成功定义为'让别人开心'。相当长一段时间后，我才明白，把自我价值建立在他人的认可之上，根本就是一条浪费感情的不归路；那就好比你想要把一个巨大的湖泊装在一个冰激凌纸杯中。

　　"当我把所有时间都花在别人希望我做的事情上时，我的生活彻底失控了。我犯了一个今天很多人都在犯的错误。我离真正有意义的人生越来越远，只是单纯地在'忙'。几乎所有对成功没有清晰概念的人，都会掉进忙碌的陷阱。我们的社会盲目地推崇忙碌，所以很多人把忙碌和成功搞混了。作为人类，我们对很多无意义的事情有着天然的偏好。社交媒体、电视和购物，这些东西都容易让人上瘾。

　　"我必须改变观念，不再通过他人的眼光来定义自己。我必须那样做，否则我永远都是失败者。此外，至少对我而言，仅仅思考'我希望自己的人生使命是什么'还不够。我对成功的定义必须更有意义。最终，我问了自己这么一个问题：'我的人生使命是什么？'从此，一切都变了。

　　"明确了自己对成功的定义后，我就完全懂得了每天要怎样分配时间。对成功的新定义让我在决策时，有了清晰的标准。

"接下来，我开始为自己每周的例行事项设定限制。例如，现在每个人都知道，尽管我可能面临着 40 个告解请求，但每周我只能抽出 6 小时来进行一对一的服务。没能轮上的人，只能等到下一周。每周，我也只能陪各位领导人应酬三顿午饭，没轮上的请等下周。和员工的一对一面谈也是一样。

"把成功重新定义后，如果我每周还花 40 小时处理告解，那我就是失败的牧师。这种转变让我的生活更有节奏，我的时间得以充分利用。我也因为不再为虚名所累而感觉更好。"

实际上，皮特偶然发现的日程安排方法，对时间倍增大师来说早就习以为常。在西南咨询公司，我们把这种方法称为"绝对日程表"。通过把每天或每周中的一部分时间固定下来，用以做某些特定的事情，你会感觉一切尽在掌握。但它又和传统的日常安排不一样，不会让你感到压迫和限制。

如皮特最后指出："这不仅是一件宗教上的事。无论你是谁，如果你没有明白成功在你今后的人生当中有着怎样的意义，那么你的生活很可能在短期内失控。

人的时间和精力是有限的，所以我不希望，自己的人生建立在他人的需求之上。最重要的是，我不想把时间花在没有意义的地方，我希望拥有一个真正有意义的人生。"

管理时间，更要管理情感

那是一个周六的上午，西南咨询公司的所有同事都聚集在我的第二故乡，田纳西州首府纳什维尔，进行一次"梦想工程"（Visioneering）休假。梦想工程这个词，是我从畅销书作家安迪·史坦利那儿借鉴来的。我喜欢这个词，因为它既代表了对未来的梦想，也代表了为实现梦想而制定的必要计划。我很享受那次聚会，因为我们的公司增长如此迅速，不少人都是从新加坡、澳大利亚和英国等地飞过来参加这次聚会。

那天早上，我和生意伙伴达斯汀先一起去了健身房，清空大脑，以迎接新的一天。因为我们的住所相隔只有半英里（1 英里 ≈1.609 千米），所以去健身房的时候他会先顺道接我，回来的时候他也会在我家门口停一下。之后，我飞快地洗澡，换上衣服，然后回到车里，跟他一起去他家。

达斯汀回家后也飞快地洗澡，换上衣服，然后我们一起出门，去参加聚会。接下来发生的一件事情，永远地改变了我的生活。达斯汀两岁的女儿哈文跑了出来，她跳下台阶，用整个身体缠住爸爸的左腿。

"嗨，小宝宝，"达斯汀哄小孩的语气带着浓厚的乡音。

"嗨，爹地！"小哈文问，"你要去哪儿？"

"哦，亲爱的，爹地这是要去工作呢。"他回答说。

然后小哈文抬起头，她可爱的小卷发下面棕色的大眼睛涌出了泪水。她说："不，爹地！不要工作！请你不要再工作了！爹地，求你了！请陪陪我，爹地，求你了，求你了！"

我的心瞬间融化了。她如此悲伤。我为达斯汀感到难过。换成你，你会怎么办？那一刻，你怎么能够无情地丢下你的小宝贝？然而，你又怎能撇下那些从世界各地飞过来，只为一年一度共同相聚的伙伴？一瞬间，我似乎突然被闪电击中了，脑海中首次浮现出了这样一个真理：**选择如何分配时间，不仅关乎逻辑，更关乎感情。**

人类不仅是讲究逻辑的动物，更是感情动物。作为人类一员，我们被自己的感觉所驱动，并在冲动的支配下行事。我们有亟待满足的欲望和渴求。我们希望自己被接纳，并会受到快感的诱惑。我们厌倦工作，逃避压力。我们是彼此存在、天然共生的群居动物。我们非常的情感化。

可是，有哪套时间管理课程教过你如何管理自己的情感吗？哪本书的决策体系中，包含了"人"的因素吗？有哪位世界级教授，教过你如何拒绝自己最爱的美丽的两岁女儿吗？从来没有。但对时间分配的决策者而言，情感管理是一个永恒的挑战。

请你回答一下这个问题：当我们压力山大、疲倦或者被享乐诱惑时，日程表、待做事项清单真的有帮助吗？显然不能，因为这超出了它们的作用范围。如何分配时间，不再仅仅关乎如何巧妙地管理自己的日程表。日程表基于一维的思考方式，它只是教你从逻辑上进行时间管理的线性工具。而如何花费时间不仅关乎逻辑，更涉及情感。

在小哈文半路杀出的一刹那，我原本以为自己懂得的一切被情感颠覆了。我意识到，让时间倍增大师与众不同的地方，不仅是他们的思维方式，更是他们对自己情感的管理能力。

再一次我意识到，根本不存在时间管理，一切都是自我管理。自从我开始研究、询问、学习、观察时间倍增大师是如何把时间分配到今天的特定事物上，从而为明天创造出更多时间，我发现，**世界上最成功的人，都给了自己**

一样普通人意识不到的东西，那就是权限（Permission）。

具体来说，时间倍增大师给了自己 5 条权限。这 5 条权限以及对使用权限时机的把握，让他们做到了一般人难以做到的事情：让他们的时间倍增。

时间倍增大师手记

要　点

- ♡ 大多数人都根据二维的时间管理优先矩阵分配时间，但时间倍增大师会考虑第三个维度：意义。

- ♡ 紧急性衡量的是影响力会在多久之后产生，重要性衡量的是影响力的大小，意义衡量的就是影响力持续的时长。

- ♡ 把今天的时间分配到可以为明天创造出更多时间的事情上，你的时间就可以倍增。

- ♡ 唯一彻底解决紧急性任务的方法，不是快速地扑灭它们，而是未雨绸缪，防患于未然。

意外发现

- ♡ 我们如何分配时间，不仅是一个逻辑问题，更是一个感情问题。

- ♡ 把自尊和自我价值建立在他人之上，会模糊你对

成功的定义。在你想尽办法取悦他人的同时，会

给自己带来无穷无尽的压力和焦虑。

♡ 时间倍增大师会给自己 5 条管理权限，而大多数

普通人没想到那么做。

令人惊叹的数据

♡ 虽然人们的工作时间大大延长了，但74%的人认为，

自己没有发挥出最大的职业潜能。

问问自己

♡ 不考虑本书接下来的内容，你觉得哪些事情能够

为明天创造出更多时间？

第 4 章

消除（Eliminate）
忽略没有必要做的事情

PROCRASTINATE
ON PURPOSE

完美并不意味着再没有什么东西可增加，而是再没什么东西可删减。

——安东尼·德·圣-埃克苏佩里

　　我的一位好友丹·米勒是世界上最受欢迎的职业培训师之一，著有《48 天找到你爱的工作》（*48 Days to the Work You Love*）和《快乐工作的方法》（*No More Mondays*）两本畅销书。丹是不折不扣的时间倍增大师，我从他身上学习到很多东西。但是，首先，丹是一位创新者。

　　丹一家住在距纳什维尔市中心 40 分钟车程的郊区，那里群山起伏，宁静祥和。丹和妻子乔安妮为这片占地 4 万平方米的土地取了一个很有爱的名字——庇护所。丹的学员经常有机会去他家做客，因为丹和乔安妮非常好客，他们喜欢和来访者建立亲密联系，并更深入了解对方。

　　丹的家里总是非常热闹，他们也很喜欢让客人到家里参观。他们家中最令人难忘的一个"景点"，是院子里的一个老树桩。你或许会感到奇怪，谁会关心一个老树桩呢？当然，正常情况下谁也不会，但这个树桩是个例外。无论是它的外观，还是它背后的故事，都让人印象深刻。

几年前，丹陷入了一个进退两难的困境。那年冬天的一场暴风雨中，一道闪电劈中了他家院子里一棵高大的雪松，树干被拦腰截断。丹不仅失去了最心爱的雪松，更遇到了一个新问题：残留的树桩怎么办？

大多数人的第一反应都是打电话给有关部门，请他们派人过来把残余的树桩挖走。但是，丹显然不属于大多数。几周的思考后，丹终于有了主意。他打电话给著名的木雕艺术家特里女士，说自己有一个"有趣的项目"想找她合作。

特里女士来了之后，丹对她说："我能肯定，这个树桩里有一只雄鹰想要飞出来。"特里女士围着树桩仔细端详了20 分钟，然后说："你说得没错。"三天后，特里女士完成了自己的作品。原本平淡无奇的树桩，上半部分被雕成了一只英姿勃发的白头海雕，翼展长达 1.2 米。并非特里女士创造了这只鹰，她只是释放了这头猛禽。它一直都在那里，只是特里女士花了些时间，把它身上多余的部分除去了。

这印证了法国作家安东尼·德·圣-埃克苏佩里的一句

名言：**完美并不意味着再没有什么东西可增加，而是再没什么东西可删减**。这句话对追求成功的芸芸众生尤为重要。我们总是专注于如何往自己的人生中增加更多东西，总是在寻找新的策略，总是希望给人生锦上添花。如果你换一种思考方式，首先考虑自己应该减少哪些手头事项，你就迈出了成为时间倍增大师的第一步。我们应该问问自己：我应该把哪些事情，从自己的人生中消去？

消除：能创造最多时间的关键策略

消除是 5 条时间倍增策略中的第一条，而且是能创造最多时间的一条。运用消除策略，我们马上就能在明天拥有比今天更多的时间。

如果我们通过把今天的时间分配到可以为明天创造出更多时间的事情上，从而让时间倍增，那么最直接的方法，当然是在今天清理、删减或取消明天的日程。这只需要稍微花几分钟，想想自己目前哪些事情是没有必要做的。注意，我们要做的，就是直接取消不必要的事项。没有解释，没有警告，没有铺垫，没有道歉。哪些事情是我们可以直接甩手不干的？

一旦尝试从时间倍增大师的角度看问题，考虑自己可以从哪里着手做减法，你或许就会发现，有时候我们之所以纠缠于一些琐事，只是为了满足自己"有始有终"的虚荣。而这类事情正是可以首先被删减的。老实说，你是否曾在完成一件本不在计划内的杂事后，悄悄把它添加到待做事项清单里？这样你就可以享受把它划掉的满足感了。没关系，我们都这样做过。但我们为什么要这样做？答案很简单，因为我们是情感动物。**作为时间倍增大师，我们应该专注于任务的结果，而非任务本身**。成功不在于你所完成任务的量，而在于你完成的那些任务有多大的意义。彼得·德鲁克曾说过："世界上最没用的事情，就是高效地完成多余的任务。"

"懒惰"的总裁："那些会议根本用不着我参加！"

罗恩·兰姆
理诺软件公司总裁，美国俄亥俄州

你不是每天都能遇见罗恩·兰姆先生。罗恩·兰姆毕业于美国普林斯顿大学，是芝加哥洛约拉大学的工商管理硕士。罗恩看上去比实际年龄年轻许多。通过

时间管理的奇迹

23 年的努力，罗恩成为全世界汽车销售行业软件解决方案首选供应商理诺公司的总裁。理诺公司价值数十亿美元，拥有超过 4 000 名员工。

你或许会认为，这样一位人物，可能会是那种迫不及待把自己的观点灌输给他人的家伙。这样想的话你就错了。除去他的天生魅力，罗恩堪称世界上最谦逊的绅士之一。全世界他最关心的事情，是如何让自己和团队的时间效用最大化，为客户提供最优质的服务。事实上，他高效工作的哲学之一，就是减少公司浪费在不必要的会议上的时间。

罗恩说："我总是需要不停出席那些根本不用我参加的会议！参会的其他人拥有良好的决策能力，其实并不需要我额外操心。现在'必须知情的人，必须到场'几乎成了我们的口头禅，也就是说我们需要弄清楚，谁是必须了解会议信息的人，谁又是必须到场决策的人。

"只需要敲几下键盘，电子邮件服务器就能替你邀请 10 ~ 50 名人员参加会议。这是一种福利，也是一个诅咒。诅咒在于，很多人出席会议，只是为了'知情'。所以，我们首先要把'人人必须知情'从公司文化中剔除。如果公司的宗旨是向客户提供完美的服务体验，那么并不是每个人都需要对每件事都知情。提供世界级的软件，意味着我们有大把的代码需要编写、测试和发布。我们应该优先完成直接与客户服务相关的工作，而不是为了让人们知情而特地召开会议。

"为减少不必要的会议和不必要的到场人员，我们出台了严格的规定，一方面严格限制真正参会的人的数量，另一方面要求大家把自己的决策意见简明地写成电子邮件，发给需要知情的人。很可能需要知情的人有90个，但需要到场的人只有3个。所以，我们只召集那3个人开会，讨论、决策之后再把结果写成电子邮件发给需要知情者。这样的话，我们就能节省不少时间用来向客户提供优质服务。更不用说，参会人数的减少，还大大提高了决策效率。参会的人越多，决策速度越慢。

"会议的成本十分昂贵。把参会人员的时间成本和机会成本加总起来，我们就会迅速意识到，不必要的会议必须取消。某些会议确实重要，但我们会对常务会议进行严格彻底的盘点和审计，因为一旦陷入会议的泥沼，你就不可能有精力解决实际问题。

"事实证明，如果你认真地执行了新的规定，大多数一周一次的会议，都可以改成一月一次。这样，每个人每月都能多拥有 3 小时的有效工作时间，一年下来，每个人就会多出 36 小时！"

像罗恩·兰姆这样的时间倍增大师认为，自己多浪费一秒钟，为客户提供优质服务的时间就少了一秒钟。会议改革只是消除不必要事项的众多例子之一。

完全没必要的事项

究竟什么样的事情，是我们完全没有必要做的？下面这个清单，可以给大多数人作为参考。

再决策　即在每个人都知道正确答案的情况下，却再三评估一个早该完成的决策。之所以会这样，通常是因为这个决策很重要，所以我们错误地认为，明天拍板比今天更好。于是，你又要花额外的时间来回顾上一环节的工作。划掉那些需要再决策的事项，可以帮你删除一半左右的未读电子邮件，不用客气。

看电视　前文已经提过，老年人在电视机上浪费了过多时间。但实际上，2 岁以上的美国人，平均一周要看 34 小时的电视。一个美国人一生中要在电视机面前坐上 9 年！这种人还好意思天天说"我很忙"？！

非必要的会议　西南咨询公司的客户总是抱怨自己每周都会开一些低效率会议。如我们的合伙人麦克·韦伯所言："每周一上午 10 时，你到底是为了开会而开会，还是你真的有重要的事情要进行集体交流？"美国人力资源调查公司 Salary.com 做过一次调查，结果显示，47% 的人认为在职场中最浪费时间的事情就是开会。

冗长的电子邮件　长电子邮件就像是一个闪烁的信号灯，提醒你应该亲自和那个人谈谈。我的妻子阿曼达制定了一个预览规则，即如果一封电子邮件的内容超出预览窗口，她就直接跳过。她选择稍后再来看这封电子邮件，但没人知道这个稍后是多久以后。如果电子邮件太长，请直接打电话吧。顺便说一句，我的妻子并非特例，18 ~ 34 岁的人中，有 84% 的人都会通过预览窗口查看电子邮件。

非必要的改变　一般而言，我是一个提倡改变的人，但有的人总是在每件事情上都追求创新。每次变动，都需要组织花时间去适应，而且我们通常都低估了适应期的长度。问问你自己："这个改变可以为我创造时间吗？"如果不能，那还是保持原样吧。

间歇性变动 无论什么时候，在两个事物之间转换，都需要时间。即便你是在两个很有意义的任务间切换，依然会损失不少时间。从一件事情上脱离，再让身体和大脑投入另外一件事，这需要适应时间。即便是最微小的变动，也会产生时间成本。所以工作时切忌中断，这是导致我们浪费时间的最大原因之一，其代价非常高昂。

针锋相对的电子邮件 请相信我，过滤掉针锋相对的电子邮件能帮你节省很多宝贵的时间，因为我曾是这个问题的受害者。永远不要在电子邮件中发表反对意见。电子邮件无法传递你的语气，万一这破坏了你的人际关系，更是得不偿失。如果你有意见或建议，最好找他们面谈。

帮别人完成任务 永远别插手别人的事。稍后我们会讨论这一点。

八卦 永远不要低估八卦所浪费的时间。我十分赞同戴夫·拉姆齐对八卦的定义："向无关人员抱怨或碎碎念任何事情。"请今天就改掉这个坏毛病。

分享你的观点 不知道怎么回事，我就是有一种对任何事情都想发表观点的强烈冲动。但是，别人不需要你的观点！他们会自行判断。别再自作多情地废话连篇，节省一点时间做有意义的事情吧。

不可理喻的人 实话说，你可能认识某些非常糟糕的人，他们身上充满了负能量，他们的使命就是把你榨干。只要听到他们的名字，你就会不寒而栗。别再和那种人纠缠了！不要通知，也不要解释，从今天开始不搭理他们即可。只要有可能，立马和那些会把你逼疯的人一刀两断。你可以继续"爱"他们，但在"爱"他们的同时，远离他们。

过多考虑未来 这是最浪费时间的行为之一。建立一个理想时间表，它可以自动帮你解除这个困扰。甚至思考你完成任务之后会发生什么，也会耽误你更快完成任务。你应该将关注点转移到把事情做好上，而不是思索要不要做。

解释 如果你是一名领导者，那么有一句话可以让你的时间倍增，那就是"展示给我看看"。当有人提出某个议题、创意、挑战或状况时，不要浪费时间听他们解释，你应该叫他们直接展示给你。这样做不仅可以节省时间，还能保证信息传递的准确性。

非必要的复核 有意义的事情，不要浪费时间复核甚至第三次审核。

定制化 只要有可能，就不要浪费时间做那种定制化的工作。换句话说，不要做那些只能派上一次用场的东西，你应该做的是那种能够重复产生作用的工作。决策的时候，你应该仔细评估这一点。

扮演活雷锋　扮演活雷锋是优先权稀释综合征的典型表现，它会满足我们的虚荣心和所谓的奉献精神，但同时也会导致我们严重分心，耽误工作。

虽然以上清单可以帮助你找出待删减项，但我想在你心中，会有 5 种恐惧因子作祟，妨碍你做好人生中的减法。其中最首要的一个恐惧因子就是：害怕说"不"。

不必铺垫，不必解释，直接忽略

分析了那么多，相信你现在已经明白，**在最具有迷惑性的自我管理和时间倍增策略中，决定不做什么和决定做什么同样重要**。但在运用说"不"的策略时，你总是会遇到一个障碍。这个障碍存在于你的内心，它让我们的减法策略说起来容易做起来难。

因为你极度害怕说"不"。绝大多数情况下，你都不敢把这个字大声说出口。你逃跑，躲起来，独自哭泣，手足无措。最后，你做出妥协和牺牲。这一切，都是因为你没有勇气说"不"。

那你说了什么？你说"好"。这不是发自内心的"好"，是勉为其难的"好"，是口是心非的"好"，它的意思是"我真的不想做但是我觉得自己别无选择"。它不是真正的"好"，它的意思更接近"或许吧"。而在人生中，"或许"是一个非常糟糕的处境。"或许"意味着不确定、不知道、不清楚，意味着不负责任，甚至不优秀。"或许"会让你陷入困境，表示你既不敢往前走，也不敢找其他的路。最终你只会往后退。

更深入地说，任由他人活在"或许"当中，也是不负责任的表现。这意味着你不够关心对方，不想为他指条明路，意味着你原谅了他的优柔寡断，意味着你选择包容那些平庸的事物。

强大的人永远不会活在"或许"当中。"好"是一个伟大的词，听起来美妙极了。但"不"也一样。"不"代表力量、清晰和果决。"不"可以让人继续前进。你说一句"不"，会让他人有机会得到一句真正的"好"。相比之下，"或许"最不可接受。

你勉强说出口的"好"，并不能真正帮助他人。**不情愿地说"好"，是一种不负责任的行为，而非帮助他人的善举。**成功的人都知道，任何出尔反尔的决定，都会造成情感伤害。

时间倍增大师知道，"某种""可能"和"或许"都不能成就伟大。

从今天起，你要做到，"好"就是"好"，"不"就是"不"，不要再活在"或许"的世界。你或许会认为说"不"很难，不，这其实不难。事实上，和自以为不敢说"不"的错误认知相反，你完全可以说"不"。或许你认为自己就是个好好先生，是个热心的管家，是个乐于满足所有人的要求的大好人。或许你曾为此感到骄傲，你的前半生一个人也没有拒绝过。但因为有这样的"黑历史"就认为自己不能说"不"，那你可就错了。

下面这句话是我在漫长而惨痛的亲身经历中领悟到的，现在我要无私地和你分享：其实你每天都在说"不"，当你对某件事说"好"的时候，你就是在向另外一件事说"不"。你每说一句"好"，必然暗含着一句"不"。你对手中的这本书说"好"，就等于在对其他事情说"不"。你勉为其难地说"好"时，就是在对真正适合你的事情说"不"。

时间倍增大师只会问自己："我对能为明天创造出更多时间的事情说'好'了吗？对其他没用的事情说'不'了吗？"

连续 7 年花式说"不"，为何还能让对方心怀感激？

根据当时不同的情景，考虑自己应该对哪些潜在事情说"不"，可以极大地帮助你拒绝眼前的某人或某个诱惑。但是，由于我们都是感情动物，说"不"依旧很难。不要灰心，我还能继续帮助你克服它。

2006 年 2 月 15 日 16 时 45 分，我给一位非常著名的作家发了一封电子邮件。当时我正在外出差，听说他就住在离我不远的地方，所以我请求和他会面。我知道获得回应的概率不大，但仍旧决定一试。

2 月 17 日 17 时 52 分，我收到了第一封拒绝的电子邮件。拒绝信并不是作家亲自写的，而是他的助理。让我惊讶的是，他们不仅回复我了，还回复得如此迅速和礼貌。那封信只有两段文字，但信息充分而完整，且拒绝得很婉转。

信中包含了令人宽慰的语句，如"谢谢你的来信，我和 ××× 分享了这封电子邮件"，还有"虽然很不幸，但这次会面我们无法促成，但 ××× 衷心感谢你的来信，向你致以最诚挚的祝福"。

我必须回复这封电子邮件，所以在 2 月 18 日 12 时 27 分，我发送了一封感谢信，谢谢他们的悉心回复。这次，我提议免费为他们提供服务。

3月11日，星期六，14时10分，我收到了作家本人的回信。当时我非常激动，以为如愿以偿，但很遗憾，那仍然是一封拒绝信。不同的是，这次是作家亲自拒绝我。我十分感激那位作家亲自花时间和我交流。这次的拒绝信，措辞依然令人宽慰和备受鼓舞。

这里摘抄一小段："谢谢你善意的来信……我真的很感激你向我发出的会面邀请。可眼下，我已经向自己的妻子承诺，不再随意增加额外的活动。我的日程表已经非常满，不得不把仅剩的一点时间用来和家人相处……希望你能理解我的难处。"他再一次婉拒了我，这封信的结尾写道"衷心希望阁下一切顺利"。

2008年5月，我因故再次来到那位作家的居住地。我想，已经过去了那么久，我或许可以再次联系他。于是，我再次请求会面，并在电子邮件中附上了以前的通信记录。他们或许会因为我如此细心地保留了那些电子邮件而对我产生好感。

一周后，我收到了回复。这次的电子邮件来自另外一位助理，而且我又被拒绝了！他说："衷心感谢您的支持，您的坚持让我们备受鼓舞。然而，这次会面我们依然无法促成，因为 ××× 正忙于新书的写作与相关研究。我们希望并相信您的事业能够一路高歌，衷心希望能够随时分享您的好消息！"看到这里，我不禁想："这个助理真是擅长安慰别人，而且很懂得拒绝！"

2011 年 7 月 28 日，我再次信心满满地联系了他们。当时《通往成功的七级台阶》即将在纽约上市。

我确信，那位作家不但会赞赏我成为一名真正的作家，感谢我依旧保留着过往电子邮件，而且一定会很高兴，因为我邀请他为我的处女作写推荐语。

于是，我给他寄了一本《通往成功的七级台阶》的样书，写信告知了他我的近况，并请求他为我的书写一条推荐语，我再一次附上了我们之前的通信记录。

2011 年 8 月 18 日，我收到一封手写信。信中写道：

> 亲爱的罗里，祝贺你出版了自己的第一本书！很荣幸你邀请我写推荐。
>
> 罗里，我为自己立下的推荐原则是这样的：我必须熟知书中的观点，或私底下非常了解书的作者，然后再决定是否推荐。这样一来，我的推荐语才发自真心，才能中肯、可靠。然而，由于手头已积压了非常

多的工作，我恐怕无暇细读你的著作。

　　我自己也是一个依靠写作为生的人，所以非常能够理解出书的兴奋、辛酸和焦虑。祝《通往成功的七级台阶》能够取得出色的成绩，并恳求你的理解。

你忠诚的
×××

　　所以，我又得到了一句"不"，但我非常喜欢它！手写的字迹，诚恳的语气，厚厚的信封，这是我收到过最棒的拒绝！

　　时间飞逝。2012 年 10 月 4 日，我在那个作家的居住城市演讲。那时候，我已经是《纽约时报》畅销书作者了。那位作家有我们完整的通信记录，给我手写过信，有一本我的样书，而且我们都跻身畅销书作家之列！现在这位作家已经认识我了，我敢肯定。我想，这么多年以后，我终于有机会见见作家本人了。我给他写了一封短信，提了两点提议：第一点是请他来参加我的演讲；第二点是我过去见他，咱们来一场 30 分钟的会面。结果如何？我没有见到这位作家，而且也没有收到拒绝信。

　　演讲结束后，一位美丽的姑娘找到我说："罗里，很高兴见到你。很遗憾，×××没办法亲自过来，但他委派我前来拜访并致以问候。×××已经拜读了《通往成功的七级台阶》，并赞赏有加。我们整个工作室都祝你好运！"这次，作家派了一位助理来当面拒绝我！

我讲这段往事是想说明什么，我真的是一个顽固的人，还是那位作家真的不想见我？我是想说，你可以在说"不"的同时给人留下好印象。

这位作家以各种方式拒绝了我整整7年。我很喜欢那些拒绝。通过它们，我感到自己越来越受到对方的喜爱。他们真诚地向我说"不"，诚实地向我说"不"，优雅地向我说"不"，明确地向我说"不"。他们没有误导我，没有向我撒谎，没有让我产生误解，没有让我不高兴。他们让我觉得，作家并不是故意不搭理我，只是他真的抽不出时间。我对此坦然接受，并表示感激。他的拒绝竟然让我受益良多！

现在，我是一名作家，结了婚，并且可以自如应对那些突如其来的聚会邀请和陌生人的会面请求。结果发生了什么？所有人都承受住了我的拒绝。人们可以接受拒绝，但希望得到应有的尊重，希望被坦诚相待。所以，勇敢说"不"吧。如果你是世界上最心软的人，并害怕惹恼他人，那么你就送给对方一个世界上最真诚、最友善、最优雅的"不"吧。

如果你还是没办法说"不"，以下是一些真诚、直接的例子，希望能够帮助你找到传达这个"不幸"消息的途径：

- ♡ 我很想帮你，可是眼下实在太忙……
- ♡ 很抱歉，我爱莫能助……
- ♡ 恐怕我眼下无暇自顾，不得不拒绝阁下的请求……
- ♡ 很遗憾，现在我有更重要的事情等着处理……
- ♡ 我实在是分身乏术，没有多余的精力来管其他事情……
- ♡ 坦白地说，我真的不知道该如何处理这种事情……

聚焦漏斗模型：时间倍增大师的思维流程图

我希望现在你已经拥有说"不"的勇气，而且已经理解拒绝的重要性。但是，除非能够执行接下来的步骤，否则你还是无法圆满执行减法策略，即你必须给自己"忽略"的权限。

对人友善，尊重他人是优点，但为了你人生的平静和前途，你必须学会坦然地忽略某些事情。你必须学会放下，懂得自己并不需要满足所有人的要求。你必须忘掉这个荒谬的想法，误以为自己欠别人一个合理解释。你必须重新出发，不再把一切请求都扛到自己肩膀。你必须学会直接忽略某些事物。删掉它，剔除它，消灭它，摆脱它。

　　如果你做某事的唯一理由，只是不做就会感到内疚，那就别做。如果你做某事的唯一理由，只是你害怕自己得不到期望的结果，那就别做。如果你做某事的唯一理由，只是你觉得自己有义务回应他人的要求，那就别做。

　　要成为一名时间倍增大师，你必须不停地问自己："不管这个任务的话，我是否也能活得好好的？它能为我创造时间吗？我现在做的事情，会让我明天的时间增多还是减少？"

　　在聚焦漏斗模型的 5 条权限中，忽略的权限是第一条。它对应着 5 种时间倍增策略中的第一种——消除（见图 4.1）。

　　你要么在有意地对不重要的事情说"不"，要么在无意中对重要的事情说"不"。所以，找出那些你真正想做的事项，以及能创造更多时间和结果，或给明天带来积极影响的事情。无论何时，你对一件事情说"好"，就等于在对另一件事情说"不"。你必须意识到，当你对电视、勉强的帮忙、拖延症、恐惧和浪费时间说"好"的时候，就是在对腾出更多时间陪孩子和家人说"不",在对更多钱和自己的梦想说"不",对有可能倍增的时间说"不"。

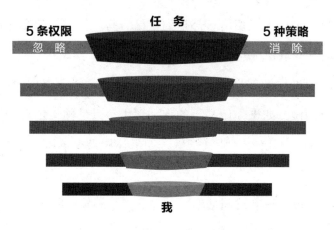

图 4.1 聚焦漏斗模型的第一层

有时候,别人会问我:"罗里,为什么无论在办公室还是飞机上,你都争分夺秒地工作?"因为我每偷懒一秒,我与家人相处的时间就少一秒。我永远不会做那种事。所以,我要学会忽略,学会对无必要的事情说"不",对真正重要的事情说"好"。

时间倍增大师手记

要 点

♡ 完美并不意味着再没有什么东西可增添，而是再没什么东西可删减。

♡ 让时间倍增的最直接方法，就是停止做那些非必要的事情。

♡ 绝大多数人对说"不"有着深刻的恐惧。

♡ 给自己忽略的权限，不必铺垫，不必解释，直接不搭理即可！

意外发现

♡ 其实你每天都在说"不"。你要么在有意地对不重要的事情说"不"，要么在无意中对重要的事情说"不"。

♡ 勉强你答应别人原本想要拒绝的请求，根本不是在帮忙。

♡ 你可以在说"不"的同时给人留下好印象。

令人惊叹的数据

♡ 美国人平均一生会花 9 年时间看电视。

问问自己

♡ 你对哪些事情说了"好",以至于无意中对自己的
目标和家庭说了"不"?

第 5 章

自动化（Automate）
敢于投资，降低你的隐性成本

PROCRASTINATE
ON PURPOSE

时间就是金钱，而且对用它来计算利益的人来说，是一笔巨大的金额。

——查尔斯·狄更斯

　　我和一位富人朋友坐在南加利福尼亚州的一家咖啡馆小酌时，问了他这样一个问题："你觉得富人和普通人最主要的差别是什么？"他回答说："这么说吧，走进咖啡馆点咖啡这件事就显示出人们各式各样的决策方式。你至少会发现三种完全不同的思考方式。

　　"第一群人最不可能致富。点咖啡时他们会问自己两个问题。第一个是'我想喝这杯 5 美元的咖啡吗？'我们假设答案是肯定的，于是有了第二个问题：为了得到这杯咖啡，我需要做什么？他们或者向店主乞求施舍，或者向朋友借钱，或者刷信用卡。在冲动的支配下，他们什么事都干得出来。

"第二群人很可能奔小康，但依旧难以大富大贵。他们也会问自己两个问题。第一个是'我想喝这杯 5 美元的咖啡吗？'假设答案是肯定的，第二个问题来了：我有 5 美元吗？这是非常合理的思考方式。实际上，它也是大多数人的思考方式，所以大多数人最后都成了中产阶级。

"第三群人就是那些有富贵命的混蛋了，他们依然会问自己两个问题。第一个还是'我想喝这杯 5 美元的咖啡吗？'继续假设答案是肯定的，那么他们的第二个问题就和前面两组人大有不同了。

"他们的下一个念头是：如果我花 5 美元买了这杯咖啡，就不能把这 5 美元花在其他地方了。不能拿这 5 美元投资股票、不动产、商业或自身发展了。具体地说，就是他们失去了拿这 5 美元去投资的机会。

"熟悉复利效应的人都知道，把 5 美元存入银行，按 8% 的利息算，30 年后自己就能够拿到 50 美元。所以，他们的问题不会是'为了得到这杯咖啡，我需要做什么？'他们也不会想'我有 5 美元吗？'相反，他们的问题是'这杯 5 美元的咖啡，值得我拿 30 年后的 50 美元来换吗？'"

有意思的是，这样思考过后，他们很可能还是买了这杯咖啡。这就是为什么你不能仅仅通过一个人的外部财务决定来判断他是否有成为富人的潜力的原因。但是，你可以根据他人在财务决策上的思考方式，来判断他是否终有一天会大富大贵。

我的好朋友达伦·哈迪是《成功》杂志的编辑，著有畅销书《复利效应》(*The Compound Effect*)，就是他和我分享了以上故事。

对于我这个在活动住房里由单亲妈妈拉扯大的人来说，哈迪的故事拥有绝对的冲击力。我从未听说过如此独特的思考方式。买咖啡的故事中，有两个要点需要注意。

机会成本　换句话说，应该意识到"如果我花 5 美元去买这杯咖啡，我就不能拿这 5 美元去投资商业、股市，或个人发展"(富人非常重视个人发展，并通常为此投入大量资金)。只要简单考虑一下，为了得到这样东西，就不得不放弃别的什么东西，我们决策时的情感冲动就会立马减缓。这就是机会成本的魔力。

隐性成本　隐性成本指与机会成本相关的潜在利润和成本。在本案例中，机会成本是 5 美元的投资，隐性成本是 5 美元投资能带来的额外 45 美元收益。所以，我们真正的成本不仅是实际花出去的这 5 美元，还要加上 5 美元的机会成本和 45 美元的隐性成本，共计 55 美元。

　　你会花 55 美元买一杯咖啡吗？不太可能。我不是说你这一辈子都不要再喝咖啡了，而是说你应该从现在开始意识到，你花费的任何 1 美元都会影响你未来的财富状况。不仅是买咖啡，任何花销都是如此。

　　如果你是吸烟人士，那么以下信息值得你了解。美国肺脏协会的数据显示，平均每包香烟的成本是 5.51 美元，其中含税 1.47 美元。平均每位吸烟者每年在香烟上的开销是 1 500 美元。如果你的烟民生涯从 20 岁开始，持续到 60 岁，那么你或许会好奇，按 8% 的利率，一笔 1 500 美元的投资，在 40 年后会变成多少？答案是 421 172.56 美元。

　　你可能会想这太夸张了，但我向你保证，我可没有夸大其词，这不过是简单的计算题。这种对隐性成本的计算，我称之为"倍增者算法"。而这就是富人和普通人在思考上的一大关键区别，这就是为什么富人成为富人，而其他人则不能；这就是为什么，富人不会沦为自己情感冲动的牺牲品，而我们却会。

　　所以说，重要的不仅是一个人的选择，更是他对选择的思考。隐性成本的概念告诉我们，**一切浪费你时间的事情，都是在浪费你的金钱**。

成功人士的"倍增复利算法"

我们都听过一句古话：时间就是金钱。基本上，只要小学毕业了的人都能从某种程度上理解这句话。因为我们很多人都有一份时薪若干的工作，且我们深知，如果今天偷懒，就会损失一笔薪水。但在时间倍增大师眼中，一切并非那么简单。

时间倍增大师习惯用意义来衡量世间万物，所以他们会从长远的角度来思考问题。我们几乎可以这样说，时间倍增大师永远会用复利的眼光计算一切。有时候我不禁怀疑他们念书的时候，是不是都上了一门叫作"倍增复利算法"的秘密课程。

金钱是个很好的度量衡，因为它把意义具象化了。把你的钱想象成你的军队，每花费 1 美元，就相当于你的部队损失一名士兵，而每投资 1 美元，你的部队就会壮大一分。为什么会这样？一切都是因为我们上面提到的一个概念：复利。

当你之前得到的利息反过来为你的投资带来更多利息时，复利就产生了。所以，如果年利率是 10%，我存入 10 美元，那么第一年我将得到 1 美元的利息。神奇的事情发生在第二年，第二年我将得到的利息是 11 美元的 10%，而不是 10 美元的 10%，也就是说我将得到 1.1 美元的利息，而不是 1 美元。所以，我在第一年存入的 10 美元，经过 2 年时间会共变成 12.1 美元。

我的军队在自我壮大。不需要我动一根手指头，我的财富会自动增长。我们还可以这样理解：我因为延期了自己的消费而得到了奖励。我的钱正在努力为我生出更多钱。刚才复利案例中的 10 美元，可能看起来可能并不那么诱人，但即便是区区 10 美元，40 年后的总价值也将达到 452 美元。所以这 40 年中，你的军队将增员 442 人。现在我们把一开始的 10 美元换成 25 000 美元，然后保持 10% 的利率不变，那么从今天开始算，40 年后你将得到 1 131 481.40 美元。

也就是说在年轻的时候，你只要做出一点牺牲，咬咬牙，保持自律，过得节省一些，把 25 000 美元存到银行，40 年后你就能成为百万富翁。你会不会心动？你不愿意把新车、新电视、新家具甚至新房子的购买时间往后延期一两年，以换取之后的 100 万美元？这些都是事实，但不会有人每天提醒你。你必须自我提醒：和那些懂得复利效应、懂得思考事物意义的人待在一起。

顺便提一句，关于复利的快速估算法有条"72 法则"，

即用 72 除以利率，你就得到该利率下资金翻倍的时间。例
如，如果年利率是 10%，那么资金翻番所需的时间就是 7.2
（72/10）年，如果年利率是 8%，那么资金翻番所需的时间
就是 9（72/8）年，如果年利率是 6%，那么资金翻番所需
的时间就是 12（72/6）年。

　　拿钱去投资就是在赚钱，就是在让自己的军队发展壮
大。如果你挥霍无度，那么你就是在抛撒财富，任由军队
萎缩。如果你向别人借钱，你就是在拿自己的钱帮别人壮
大军队。

　　富人和时间倍增大师都深知复利的威力，而世界上最
强大的赚钱方法，并不是什么快速致富计划，而是在你的
人生初期尽可能多地存钱。你现在明白了吗？时间不是金
钱，时间的价值远高于金钱。我说的价值，并不是那种利
他主义、灵魂层面或充满哲理的价值。我的意思是，计算
下来，**时间比金钱更值钱**。这不仅是因为时间是有限的稀
缺资源，而金钱不是，也不仅是因为时间是你永远留不住
的东西，最根本的原因在于只要正确利用时间，时间就能
让钱生钱，利滚利！

　　复利是世界上最快捷的赚钱方式。任何员工，任何团队，
都无法像复利那样努力工作。复利每周 7 天，每天 24 小时

地连续运转，只为扩大你的军队，增加你的资金。而你永远不需要为此操心。

投资自动化系统，主动"创造"更多时间

所有这些跟钱有关的事情，和自动化有什么关系？问得好，因为它和你的恐惧有关。就像你明知道自己要做减法，却不敢说"不"一样，你明知道自己要自动化，但依然害怕自己无法承受。

你明知道需要掌握某种新技能，却仍然挣扎，怀疑它是否真的值得一试。

你明知道公司的办公系统需要升级，却仍相信自己抽不出时间。在处理重复的麻烦上，你每天耗费了多少时间？"我们真正需要做的是投入少许时间来做些改革"，这样的思考你进行过多少次？你花了多少时间，一遍又一遍地往电脑中输入同样的数据？你所做的事情中，有多少只是例行公事？你又在多少完全能够由电脑解决的事情上浪费了宝贵的时间？无论生活中，还是工作上，都有很多事项应该实现自动化，我们解决这些问题的方法应该升级，应该改进。

但无论是《财富》100 强企业的高管，还是顶级财务顾问，他们都会说同一句话："我觉得目前我们没有时间和资金来做这些。"因此他们放弃使用聚焦漏斗模型的第二条权限。我们需要给自己投资的权限。（见图 5.1）

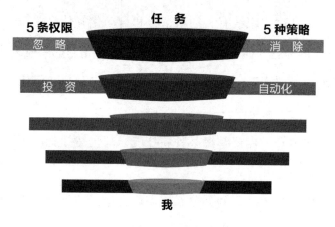

图 5.1　聚焦漏斗模型的第二层

你明知道有个系统可以为你节省大量时间，却固执地说自己承担不起。你因为没有把某些事情自动化而耗费的每一秒，都是在偷窃你未来的时间。迟迟不肯进行自动化改革，相当于你把钱死死攥在手里而不去投资。**自动化之于时间，等同于复利之于金钱。**

你拿今天的钱换时间，会让你明天的时间增加，后天

的时间增加，大后天的时间也增加。而有多少人使用这个
自动化系统，我们所节省的总时间就会翻多少倍。自动化
的系统会一周 7 天，一天 24 小时地为你工作，帮你节省出
难以估量的时间。

♡ 公司为重建销售和招聘系统所投入的资金，与它
未来几年产生的收益增长、减少延期和稳定人心
等效益相比，根本不值一提。

♡ 花钱聘请培训师重塑商业系统，实现自动化办公，
就好比创建一个共同基金，分分钟你就能连本带
利地赚回来。

♡ 一个拥有数千名员工的大型企业，为新系统所投
入的数百万美元，最终会得到数十亿美元的回报。

比自动化系统更昂贵的只有"没有自动化系统"。每一
次，你不去做自己明明应该做的事，都是在偷窃自己未来
的时间。在今天的商业社会，这是另一个因拖延导致的隐
性成本，代价昂贵。

人类最大的罪过不是犯错，而是对机会视而不见

斯科特·博尔曼

动物保健品公司高管，美国堪萨斯州

　　要论世界上最具挑战性和竞争性的行业，药品行业首屈一指。在一种独特的新药上市之前，企业需要投入大量资金和时间进行科学研究。更不用提还有成千上万狡猾的竞争者，他们也都投入了数千万美元，试图与你在同一块市场一决雌雄。

　　但作为世界著名动物保健品公司的高管，斯科特·博尔曼视这些严酷的压力为无物。我们曾谈笑风生，探讨其公司近年来最成功的几个商业策略。除了是北美公司 500 多名员工的管理者，斯科特还是公司少数决策人之一，他负责协调公司新产品在全球的上市和推广。斯科特及其团队要想办法说服数万名精打细算的兽医调整自己的配方，尝试能带来更多利益的新产品。

　　我迫不及待地问了斯科特一个问题："迄今为止，你在时间管理方面遇到的最大挑战是什么？"热情而

谦逊的斯科特不假思索地说："这个问题不难回答，就是决定主要任务的优先顺序。换句话说，就是不断问自己，'哪件事可以对我们的业务和客户产生最大的影响？'以未来为出发点，决定现在的时间投入，最终得到一个高速增长的未来。"

"话是没错，但具体你是如何计算的？"我继续发难。

"问得好，"他肯定地点了点头，"这是领导者的关键作用之一。有时候，大多数人要么在优柔寡断中看着良机溜走而不敢轻举妄动，要么贸然投入到完全陌生的新领域。这两种策略都不可取。这方面我有一个简单的技巧，我称之为 G.R.O.W，它可以帮助我很好地在这二者之间把握平衡。

"首先，我们要分析，眼前的这次机遇如果利用得当，是否真的可以成为公司增长的基础。G.R.O.W 中的每个字母代表着不同的考核标准。G 代表的是目标一致（Goal Alignment）。如果我们进行或终止这项投资，其结果符合公司未来目标吗？投资的选择范围或许很广，但第一步就是看它是否有助于实现公司目标。你一定会惊讶，竟然有那么多人只是因为害怕投资就对能够帮助自己实现目标的机会视而不见。与此相反，还有很多人在不知道会有什么后果的情况下，就将全部身家押在一些缥缈的点子上，最后发现自己离目标越来越远。"

"一旦我们选择了那些能够帮我们在正确的道路上走得更远的选项，那么 R 就上场了。R 代表的就是现实可能性（Realistic Possibility）。我们具备实现它的基础条件吗？如果答案是否定的，那么新问题出现了：如果我们不具备实现它的基础条件，作为领导者，我是应该为它创造条件，还是应该就此放弃？这时候，我们需要投入更多资源来分析市场现状，以及自己的优势和弱势。

"这里的投入包括把时间投入到再培训、重组、改制、调整优先顺序、调整分配资源、精简机构、员工调岗等。举例来说就是，为了新产品的成功上市，我们不仅要投入大量资金到产品研发上，还要投入大量时间到团队和负责地区的改制上，以便更敏锐地感知消费者的需求。这种改革或许会导致暂时性的不适应，但是必不可少的。

"如果现实可能性是对自己内在优势和弱势的

评估，那么 O 代表的机会价值（Opportunity Value）就是对评估投资决定的潜在外部价值。确定要参与该领域的竞争吗？我们需要再一次研究数据，确定目标市场的大小，项目的规模，销售频率、可能的长期收益和支出。我们不能只看它在今天是不是个好机会，还要衡量其中的机会价值，以及可能的长期利润增长点。

"如果 G.R.O.W 前三项测试都通过了，那么我们就要果断投资！最后一个字母 W 代表的是前进之路（Way Forward），即我们应该如何实现目标，目标达成率有多高？"

"以上便是我们的战术，那是我们的行军令，是我们的上市策略。用你的话说，这是在扫清障碍，以便顺利踏上通往成功的七级台阶！"

听完斯科特的阐述我终于懂了。和大多数时间倍增大师一样，斯科特会用一系列独特而合理的考核标准去衡量事物，这样机会一旦出现，他们就能自信地投入，并奋勇前进。但大多数普通人做不到这样。道理谁都懂，但我们太过优柔寡断。虽然有时候我们确实应该稍微停一下，思考决策带来的各种后果，但如果我们等得太久，就会白白错失机会，这显然会让我们付出巨大代价。

交谈过程中，斯科特一直强调"即便我们最后发现自己犯了错，也总能及时改正过来。但如果我们只是坐在那里，不停发表各种武断的意见，一直耽搁拖延下去，那就什么都做不了。**人类最大的罪过不是犯错，而是无为。**"

能为你"创造时间"的自动化事项

当今时代，很多工作都可以被自动化，所以你完全犯不着亲自动手。一家大公司投入几百万美元就可以每年节省数千小时，管理者也可以自己花时间设计管理系统，这样之后每个月就可以节省下一部分时间。无论在哪方面，自动化都强大且珍贵，因为它"创造"了更多时间。以下是一些或具体或抽象的案例：

常见问答　无论大小，每家企业都应该投入一些时间做一个常见的问答清单。虽然对某些公司来说，它没什么必要。但一般来说，这张清单具有极高的价值，因为它不仅可以满足客户的大部分需求，还能为你节省下大量时间，因为你不用再一遍又一遍地回答相同的问题。

无谓的再创造　我经常感到困惑的是，即便是那些世界级的著名公司，也经常浪费大量时间去重新创造已经存在的东西。这种事情之所以频繁发生，是因为组织中没有一个高效的知识传播系统，或高效的数据研究工具。

在线支付　花数小时设置银行账单自动支付系统是值得的。它将帮助你节省大量时间、精力，并缓解压力。同样地，你可以为你的薪水设置每月的自动存储额。

数据同步备份　关于这一点，很多人都是直到灾难发生时才追悔莫及。一个只根据事情紧急程度来安排工作的人会说'我没有时间停下来做其他的事情'，但根据事情的意义安排工作的人会说，'只要有需要，我就会花时间备份数据'。别等摔了跤才知道痛。花点时间建立数据同步备份系统吧。

票据扫描仪　这是我买过的最棒的东西之一，你只要把发票、文件和名片塞到这个小小的仪器中，它就会迅速帮你扫描。或许你会认为它是某不良商家的骗人把戏，但它真的不是。它能帮你免除文件存放的烦恼。

社交媒体管理　如果你还没准备好全身心迎接社交媒体时代，可以先用 Hootsuite 或 SocialOomph 等社交媒体管理工具来更新 Twitter、Facebook 或博客信息。通过一个中央控制面板来管理所有的账号，这样你不亲自动手也可以保持网络活跃度。这些虚拟工具可以让你同时出现在两个地方，并飞向未来！

后续客户跟进　最近，我们经常遇到的咨询项目是帮助客户公司建立一套持续的客户增值策略，通过这一策略，一切都可以自动进行。借助一系列不同的媒介，定期和过去的客户保持联系会让他们觉得你真的很贴心。

在线学习　随着 Schoox 等在线学习平台的出现，你可以在团队成员需要培训时，一次性做好所有的培训视频，然后用在线学习管理系统，把培训课程发给每个人。你可以跟踪他们的学习进度，检查他们的成绩，甚至利用他人的在线课程。

无论是内部培训还是公开的大众培训，西南咨询公司的所有培训课程都放在 Schoox 上。这个网站结合了在线学习和社交媒体的特点，用过之后保证你再也不想回到传统的学习管理系统。我们的课程覆盖面非常广，包括销售、领导力、演讲技巧、个人理财、冲突解决、社交媒体和生产力等。无论是西南咨询公司的内部员工还是西南咨询公司的客户，都可以从中获益。我们甚至帮助客户设计了一个内容管理策略，通过设置自己的在线课程，降低他们培训的时间成本和资金成本。

录影带　类似于常见问答手册，给你的团队配备一组录音带，以应对各种困难或反复出现的局面。无论他们的工作是销售、客户服务还是一般业务，你总是可以提高他们工作的质量和稳定性，同时降低你亲自出马的频率。很多公司参加西南咨询公司的销售培训的首要原因，都是为了制作一系列针对销售和招聘团队的录影带。

代销直供　这是现代商业世界的又一美妙之处。你周围可能就有成千上万家这样的厂商，你可以把合同的具体执行事项和出货服务外包给他们。客户下单后的产品交付事项，你都不必亲自做。

如果从宏观角度探讨自动化的应用范畴问题，请记住，所有需要减少考虑时间的领域，都可以是自动化的用武之地。任何时候，只要你建立的系统能够缩短为完成日常任务而思考的过程，你就创造了额外的时间。所以，自动化并不一定与科技有关，虽然它在科技领域的影响更显著。

对于持家父母而言，只需制定一张家务表，就能减少"轮到谁去扔垃圾"这类问题的考虑时间，甚至减少不必要的争吵。

销售人员可以通过制定电话回访时间表，有效减少自己的考虑时间。在西南咨询公司的培训项目中，我们发现，当销售人员知道第二天要先给哪五位潜在客户打电话后，他们的焦虑会得到极大的缓解。

通过制定我们在皮特·威尔逊案例中提到的"绝对时间表"，公司首席执行官也可以减少考虑时间，或避免浪费宝贵时间和助理反复沟通。

项目经理只需要设置邮件规则，让特定类型的邮件自动归类到单独文件夹，就能减少考虑时间以及打开收件箱前的压力。

设置自动化系统的关键不在于任何具体的点子中，因为它们不过是一些非常普遍的案例；关键也不在于找到新的应用程序或自动化工具；一切的关键在于理解自动化原则的思路和重要性。你要做的是审视那些你每天都在重复的事物，然后找出实现自动化的方法。

建立标准流程：短期的投入，长久的回报

西南咨询公司成立之初，团队仅有的几名人员需要事事操心。我本人既是营销人员，还是总经理、门卫、信息技术人员以及市场营销主管。当时的情况，任何在小型公司待过的人或许都经历过。

我们拥有远大的梦想。我们的任务是帮助人们实现人生目标，并把我们打造为世界上最好、最著名的销售培训公司。我最欣赏的小型企业的老板必须具备这样一种特质：他们完全依靠自己取得成功。他们必须亲力亲为，别无选择。

2006年，公司正式成立时，我们简直身无分文。没钱租办公室，没钱买技术，没钱买消费者信息。我仍记得，自己和三位合伙人坐在加利福尼亚州圣克拉拉市橡树森林公寓社区泳池旁边的日子。我们把一本电话黄页撕成四份，然后人手一份，照着上面的信息挨个打电话。

那段时间，我们每天都要打数百通电话，向客户推销为其量身定制的1小时免费销售培训课程。我们会花时间和对方的销售经理交谈，判断他的团队真正需要什么，然后有针对性地准备课程，进而为他们提供免费的一流培训。如果培训课程得到认可，我们唯一要求的回报，是得到一

次向对方介绍我们的培训和咨询服务的机会。今天，西南咨询公司近 100 位咨询顾问依然使用这种方法向客户进行自我介绍，并赢得信任。

为了生存下去，我们整天都在自我营销，只有夜晚和周末才有时间真正管理公司、打理业务。至今，我对那些日子仍然记忆深刻：我们每天早晨 6：00 起床，从 7：00 开始一直工作到午夜，刚开始的两年，我们一周工作 6 天。念书的时候，我曾在"西南优势"夏季项目中一周工作 80 小时，所以我早已习惯了长时间地工作。

与学生时代不同的是，我们当时需要处理所有事情。为了维持运营，我们必须掌握大量不同的技能，且根本没钱请别人帮忙。我们需要来回抽调大量数据，以确认哪些客户下单了，哪些客户安排见面了，哪些客户付款了，哪些客户需要什么配套设施等。我们根本没时间停下来检查我们与客户进行了怎样的互动。

我们无时无刻不在输入数据。我们有成百上千份的电子表格和电子邮件，但我们根本没时间回复电子邮件。我们根本没办法和自己最珍贵的资产，即我们的客户保持联系，因为他们有的在表格上，有的在杂乱的商业名片里，有的被存储在电脑中，还有的被写在某张便利贴上。

长时间下来，最令人沮丧的事情发生了。虽然我们非常努力地工作，但维持老客户与开发新客户的双重压力让我们窒息。每天光发送电子邮件就要占用我们好几小时，而且因为数量太多，我们有时候会把错误的电子邮件发送给错误的人。

当时我们招聘的新员工常常待不了多久就会辞职，他们根本没办法跟上我们的节奏，他们总是被眼前无止无尽的事务淹没。有时候，我们也会被新客户取消合作，因为我们看上去太不专业。我们总是在火急火燎地处理无尽的杂事，我们努力再努力，超负荷、超时长地工作，然后每年损失数万美元，因为我们没有正确的系统。最后，我终于意识到，无论你工作得多快，无论你多聪明，无论你的热情有多么高涨，**一家公司的业绩，永远取决于其工作系统的优劣**。

于是，我们开始改变，并发现了 Infusionsoft™。Infusionsoft 是我们的救命稻草，它是一个系统软件，可以把电子邮件营销、客户关系管理和电子商务整合到一起。

它是一项神奇的技术，但它真正重要的地方不在于技术层面，而是通过它，我们终于懂得了花费时间、资金和精力来打造独属于自己的系统。我们开始真正致力于优化自己的业务流程。我们意识到，以前的工作方式的隐性成本太过高昂。最终，我们确定了投入资源的最高额度。

　　无论在生活还是工作中，我们必须如此。无论是因为吃一堑长一智，还是你本就眼界开阔知道这样做才是对的，你都应该知道，唯有先设定投入资源的最高额度，你才能让时间成倍增加。

　　我们花了大量时间思考理想中我们的业务应该是什么样子，以及我们应该怎样推动它变成那样。我们借助 Infusionsoft 做的第一件事，就是修正后续的发展轨道。我们针对所有业务进行了一场补充培训，包括以下方面：

- 博客和电子邮件的新订阅者；
- 潜在新成员；
- 潜在新客户；
- 我们 100 项产品和服务的新客户；
- 后续客户服务；
- 新招聘培训。

　　补充培训让我们有机会把现有工作的价值最大化，一旦我们凭借手头的工作搞定了所有客户和投资人，那我们的时间就倍增了。我们接下去要做的，就是实现内部交流的自动化。我们系统考虑了每个环节的每件事，包括：

- 新团队成员加入；
- 新客户加入；
- 产品需要交付；
- 出现售后服务问题；
- 遇到交叉销售的机会；
- 有好消息需要扩散；
- 需要团队合作。

Infusionsoft 让不同工作组之间的交流顺畅无比，它能保证邮件会被抄送给正确的人，并自动通知我们服务客户的最佳时机和最佳方式。

最终，奇迹发生了，整家公司完美地配合运作，公司业务得到了极大提升。和复利相似，我们感觉自己似乎召集了一支新队伍，这支队伍为我们一周 7 天，每天 24 小时地工作，确保我们不会疏漏任何东西。我们的时间在产生复利，整支团队的时间都倍增了。

修正混乱的系统后，我们接下来把注意力放在业务的前端，我们需要想办法吸引更多客户。当你知道自己每次都可以为客户提供高质量的体验时，你会讶异于自己的信心竟如此高涨。

运用畅销书作家杰伊·贝尔（Jay Baer）在友利营销（YouTility™）中提出的策略系统及一系列 Infusionsoft 网络表单，我们终于找到了系统全面自动化的方法：

- ♡ 丰富解决问题的渠道；
- ♡ 转变解决问题的方法；
- ♡ 创造更多满意客户；
- ♡ 达成重复销售；
- ♡ 自动化推送。

列出公司所有业务的流程，这个任务确实让人望而生畏。但现在回过头看，我们在重要的节点上做了无比正确的事情：**任何事情，你今天创造了一个标准流程，就会为明天节省不少时间。**

事实证明，引入 Infusionsoft 的第一年，我们的营收增长了 1 倍，净收益增长了 4 倍！但在我看来，我们最重要的收获是，我们的团队和客户都得到了最佳结果，我的生活和时间终于都回来了。

无妨公开地告诉大家，我们执行 Infusionsoft 的热情非常高，它给我们带来了莫大的帮助，所以现在我们是 Infusionsoft 的官方授权代理商。对我们和我们的客户而言，网络就是一块画布，而 Infusionsoft 就是帮助我们最有效利用这块画布的画笔。

需要再次强调的是，你的救世主不是任何科技。你的救世主，是你自己的决定，引入自动化的决定，是你决定像时间倍增大师那样思考，是你赋予自己权限，通过投资独属于自己的系统，获得更丰硕的成果。

你还记得本章开头那杯价值 5 美元的咖啡吗？在那个案例中，最昂贵的成本不是实际支出的 5 美元，也不是这 5 美元的机会成本，而是 45 美元的隐性成本。接下来的几句话，我希望你细细体会。

那笔交易中，最昂贵的部分就是那 45 美元的成本，而几乎没有人注意到它的存在。只有极少数懂得从意义层面进行复利计算的人，才会注意到这 45 美元。大多数人永远不会把它计入那笔交易，因为他们只活在解决紧急性问题的世界，他们的注意力只放在此时此刻。他们就像小偷，因为短视而在无意中不停地窃取着自己的未来。

时间倍增大师手记

要 点

♡ 每一项交易都隐含几种不同的成本：

（1）实际成本，指你为某物而实际支出的资金；

（2）机会成本，指你为购买某物而放弃购买的另一样等价的物品。

（3）隐性成本，指如果你没有把那笔钱花掉，而是用它进行投资并产生的潜在回报。隐性成本是所有成本中最昂贵的成本，也是最被忽视的成本。

♡ 任何浪费你时间的事物，都是在浪费你的金钱。

♡ 很多人和公司都知道，他们需要一个更好的系统，但一直因为"没有钱"或"没有时间"来逃避真正引入更好的系统。然而，当你真正计算过这件事的意义，考虑过时间成本之后就会发现，投资

116

系统才能最大限度地节省成本。另外，投资时要
设定最高额度。

♡ 公司的业绩永远取决于其系统的优劣。

意外发现

♡ 自动化之于你的时间，犹如复利之于你的金钱。

♡ 一个人成功的最大威胁，不是缺少天赋、教育、
资源或机会，而是短视，缺乏远见。意义计算将
改变一切。

令人惊叹的数据

♡ 平均每个烟民一年会花 1 500 美元购买香烟，如
果把这笔钱按 8% 的年利率存 40 年，就会变成
421 172.56 美元。

问问自己

♡ 你每天都需要重复处理的事情中，有哪些可以自
动化处理？

第 6 章

委派（Delegate）
包容"不完美"，
借他人之力把事情做好

PROCRASTINATE
ON PURPOSE

你永远都要花钱雇用某人完成某些任务，要么按
照别人的时薪雇用别人，要么按照你自己的时薪雇
用自己。

大自然中，小鸟想真正来到这个世界，必须竭尽全力破坏蛋壳，为自己的自由奋战。鸟妈妈知道蛋里有活生生的小鸟，但如果它们从外面帮助小鸟打开蛋壳，即使小鸟顺利出生，通常也会在尝试飞行的时候摔死。这是因为小鸟的翅膀未能在破壳期间锻炼得足够强大。这是大自然的伟大设计。小鸟冲破蛋壳的过程可以增强翅膀的力量，从而为将来的展翅高飞做准备。

人类也必须通过奋斗和挣扎，才能发展出属于自己的力量，帮助小鸟破壳而出，其实是在杀害它。小鸟孵化的案例告诉我们一个重要的反直觉经验：**大多数时候，我们应该尊重他人在犯错中成长的权利。**

想成为时间倍增大师，你必须理解并践行这个故事背后的哲理。为什么？因为如果你无法忽略或者越过某件事，你就必须完成它。如果你无法将某件事自动化处理，就意味着你不能把它系统化。那么，接下来你最好的选择，就是把它委派给别人。想要成为时间倍增大师，先要成为"委派大师"。请花一天时间，仔细思考这个问题：你现在手头的事情是必须依靠你的独特技能去完成，还是其他人也具有完成这项工作的能力？

如果你真的用一天的时间思考上述问题，答案一定会令你非常惊讶：原来自己投入大量时间的工作，其实完全可以委派给他人、借他人之手去完成。如果别人在你的位置上，他们就能代替你完成工作，并为你节省时间。但坦白说，你的问题可能并不在于你不懂这个道理。我的意思是，你其实不需要花一整天的时间考虑你手头究竟有多少任务可以交给别人。

问题并不是你能否想明白委派的道理。就和我们在自律方面经常遇到的问题一样，最难的挑战是，只做你知道自己应该做的事情。《通往成功的七级台阶》，整本书都是在教你如何督促自己做你知道自己应该做的事。所以我建议你读完本书后再去读一遍那本书。

时间管理的奇迹

现在我们不妨看看，为什么你明知道自己应该把一些工作委派给他人，却始终不采取行动。事实上，我打赌你自己知道答案。为什么你总是倾向于独自完成工作？我想你答对了！就像其他时间倍增的情绪障碍一样，是恐惧在作祟。

你在害怕什么？工作完成得不够好？害怕被委派人不能在时限内搞定它？害怕结果达不到你的标准？害怕别人不能像你完成得那么优秀？也就是说，你不但没有委派任务，甚至再次编造了一个故事，把自己困在一维思考中。你不断告诉自己，如果自己动手，任务就会完成得更快更好。

是不是觉得很诡异，为什么我对你的想法了如指掌？如果你还不明白，我再强调一次：因为我的情况和你一样！

我们不断地告诉自己："我教他怎么完成那项工作所花的时间，都足够我自己去搞定它了。"你差点儿就说对了！只要不计算事物的意义，你就说对了。只要你一直活在仅考虑事物紧急性的一维世界中，你就说对了。但是，如果你使用三维思考方式，如果你考虑事物的意义，如果你像时间倍增大师一样思考，如果你像时间倍增大师那样计算事物的利弊，你就完全不会那样认为了。

被视而不见的"时间投资回报率"

有一次，我坐飞机时旁边正好坐了一位企业高管，他和我分享了一条 30 倍法则。

> 现在正坐在商务舱的一位教授教过我："在决定是否应该把某项任务委派给他人时，你应遵循 30 倍法则。也就是说，如果你这样的专业人员完成某项日常任务需 5 分钟，那么你应该计划花费 150 分钟（5 分钟 ×30）来指导下属完成它。这 150 分钟，并不是一次性投入，你可以把它分配在几个月里，帮助下属慢慢掌握技能。"

> 之后，教授解释了这条法则背后的数学逻辑。"如果一项任务，每天需要花费你 5 分钟，按一年 250 个工作日算，每年你要花 1 250 分钟在那项任务上。如果你愿意花 150 分钟训练另一个人来做那项工作，那你每年就能节省 1 100 分钟。"

30 倍法则简单易懂，但充满智慧。这个传授指导的过程，在西南咨询公司叫作间隔重复训练。从统计学上讲，这种方法的成功率确实如那位高管所言。需要注意的是,虽然那位高管用了"花费"时间一词,但我认为,说"投资"时间更贴切。

我现在经常使用 R.O.T.I. 一词,即时间投资回报率(Return On Time Invested)的缩写。花费时间本身就是一种投资,且可以得到有形的、可量化的回报。在上述例子,如果你用节省的 1 100 分钟除以投入培训的 150 分钟,那么一年中你的时间投资回报率就是 733%!

时间投资根本不需要绞尽脑汁。更何况,我真的想不到有什么 5 分钟的工作,会需要你花 2.5 小时才能教会别人。然而,大多数人都生活在二维世界中,仅考虑事物此时此刻的影响,满脑子都是"如果我自己动手,事情完成得会更快"。我们总是对最低回报率也有 733% 的投资机会视而不见。

但是,世界原本就是这样,不是吗?富者愈富,正是因为他们可以看到别人看不见的机会。个人能力、成长积极性和生产力有时候会被叫作软技能,但在这里它一点也不"软",计算时间投资回报率,就和计算投资回报率一样实用。

我们已经知道时间比金钱值钱得多,所以时间投资回报率比投资回报率重要得多，或者说时间投资回报率的"意义"比投资回报率大。继续推导下去，从数学上说：**我们如何分配时间，比我们如何分配资金重要得多。**

诚然，以日或以周计算的任务，相比那些季度或年度任务，更容易计算时间投资回报率。但是，最重要的并不是具体的计算，而是理解时间倍增大师看待世界的独特眼光。既然知道时间投资可以得到回报，你为什么不把更多的任务委派给他人？我只能想到两个理由：钱和完美主义。

你的时间应该值多少钱？

如果你委派工作的最大障碍，是你没钱雇用他人，那我们再看一道计算题。第 5 章中，我们讨论了复利的威力。如果你做过投资或存过钱，那么你很可能听过一个跟复利相关的概念，叫货币的时间价值（The Time Value of Money）。

货币的时间价值是指计入利息和通货膨胀率的影响后，你今天拥有的资金在未来某个时间点上的价值。例如，在买咖啡的故事中，假定利率为 8%，5 美元的投资在 30 年后的时间价值就是 50 美元。

时间的货币价值（The Money Value of Time）又是什么

意思呢？时间的货币价值是我用来解释另外一个理论概念的词，要知道我们参与任何活动都有另外一项成本。工作的人都有一个时薪。无论你是领工资，抽取佣金，赚取利润，拿分红，得奖金还是获得其他形式的报酬，我们都可以根据它计算出一个时薪，即将你的年收入除以你一年的工作小时数。时薪就是你的时间的货币价值（见表 6.1）。

因为每个人的收入水平不同，且效率不一样，所以人与人之间参与各种活动的成本也不同。你把时间花在了非生产活动中，就会对你的赚钱能力产生负面影响，因为你没有把那些时间投入可以产生收入的活动中。

表 6.1　时间的货币价值

年收入 / 美元	每周工作 50 小时的时薪 / 美元
40 000	16.67
75 000	31.25
100 000	41.66
150 000	62.50
250 000	104.17
350 000	145.83
500 000	208.33

假设你的报酬和行动成果挂钩：

♡ 早晨排队买咖啡有成本；

♡ 叠衣服或剪草坪有成本；

♡ 打电话给客服人员有成本。

时间的货币价值能够帮你进一步理解隐性成本。我们在上一章提到过，"任何浪费你时间的事情都是在浪费你的金钱"。因为不仅投资金钱存在机会成本，投资时间也会产生机会成本，随之而来的时间的货币价值也会发生变化，因为你选择做这件事，就意味着你放弃了做另一件事的机会。

为了帮你理清思路，我计算了一杯咖啡的 4 种成本：

♡ 5 美元的实际成本；

♡ 5 美元的机会成本；

♡ 45 美元的隐性成本；

♡ 时间的货币价值的成本因人而异，如果你每年挣
　 10 万美元，那么你的时薪就是 40 美元，这样的
　 话，你在咖啡店待 20 分钟，就会消耗约 13 美元
　 （40/3 美元）的时间的货币价值成本。

真是一杯昂贵的咖啡！希望它的味道、体验和服务能够抵得上它的价钱。

学会计算并理解时间的货币价值，并不是要你对生活中的每一秒都斤斤计较。虽然它看上去像一个冷血、残忍的工具，强迫你用金钱衡量你的所有时间，但理解时间的货币价值，最大的意义在于帮助你理解时间倍增大师异于常人的思维方式。

每天都有数不清的人在大把地浪费时间。然而，一个人越是成功，他就越会珍惜时间。这并不是因为他们自大、邪恶、易怒或浮夸，而是因为他们知道时间是自己最有限的资源。

这种想法，让他们有了一种莫名的紧迫感，无论在生活中还是工作中，他们总是想要把事情迅速搞定。这并不意味着他的人生中最重要的事情就是工作。但这种思维方式的确反映了一个事实，即：

所谓的人生赢家，都对自己的时间高度重视，他们知道时间成本非常昂贵。

委派还能引出另外一条重要观点：**你永远都要花钱雇用某人完成某些任务，要么按照别人的时薪雇用别人，要么按照你自己的时薪雇用自己。**

当你说你雇用不起别人时，实际上你已经雇用了一个人——你自己。所以，如果你能找到一个时薪低于你的时间的货币价值的人，那么，你就雇得起那个人。

给他人机会，给自己时间

当委派顺利地让你可以根据自己的时间投资回报率为自己赚取时间（且你雇用的人的时薪低于你的时间的货币价值），我们终于可以谈谈阻碍我们向别人委派任务的最核心难点了——完美主义。（见图6.1）

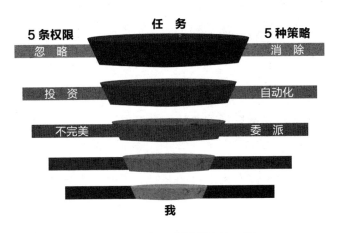

图6.1 聚焦漏斗模型的第三层

完美主义不是一个逻辑问题，而是一个情感问题。就如我们已经谈到的导致恐惧的因素一样，世界上也不存在瞬间治好完美主义的灵丹妙药。幸运的是，理解事事亲为的成本，可以对我们有所帮助。但归根结底，还是需要你赋予自己不完美的权限。

你必须学会和一般般的事物和谐相处。你必须接受这种观点，即一开始别人或许做得不如你好，但随着时间的推移，他会做得越来越好。渴望前进很好，但你必须学会把自己和身边的人从完美主义的苦海中解脱出来。你必须给自己设定不完美的权限。想一想小鸟孵化的故事：我们应该允许别人在犯错中自然成长。

因为，你已经体会到了不给别人犯错机会的后果，你早就深受其害。你的生活被鸡毛蒜皮的事情填满，你被消耗得筋疲力尽。

你是办公室里最重要的一员，但这种重要性让你厌烦自己的工作。

你经常出现在最豪华的派对上，但你非常厌恶自己的"朋友"。

你的内衣抽屉永远整整齐齐，但你每天都快累死了。

你所有的工作都完成得非常完美，但你自己却非常悲惨！

　　我不是劝你对工作敷衍了事或者偷工减料。但我从自身失败中总结的教训，和从时间倍增大师身上学到的经验是：**我们要授权他人，给他们机会，让他们做出自己的贡献。**我们不再需要一个人肩负整个世界，而是邀请队友加入进来，共同奋斗。我们不再整天忙着拯救世界，而是授权他人成为和我们一样的英雄。我们不再事事亲为，而是把别人也培养成领导者。长此以往，你知道会发生什么吗？

　　新领导者最终开窍了，瑕疵消失了，没有任何人临时掉链子了，没有任何事被搞砸了，地球还转得好好的。

　　也就是说，出现了与你的假设完全相反的事实。事情并没有乱成一锅粥，大家的工作成果开始翻倍。新领导者开始培育出更多领导者。每项任务都完成得很好，所有人齐心协力，各显神通。那么，谁会得到最大的回报呢？当然是时间倍增大师！他们把工作委派给他人，卸下了负担，释放了压力。他们不再把自己修炼成无所不能的海豹突击队员，而是为自己打造一整支军队。

　　我不是说，你不应该那么出色，不是说你不应该努力寻求超一流的结果。我是说，你应该学会借助别人的力量做事，并且允许别人的工作成果不那么完美。安迪·斯坦利说得好："**领导力不是说要确保事情做好，而是要借他人**

之力把事情做好。"

我的个人经历或许能为你带来一些好消息。尽管我时刻提心吊胆，担心事情的细节得不到应有的重视，但最终结果证明，结果永远没有想象中的那么糟，也永远没有听起来那么好。永远如此。

危机和噩梦最终总会妥善解决。犯了错的人最终会道歉，并赔偿损失。我们以为的世界末日，最终是一场虚惊。一切都会自然而然地发生，水到渠成地完成。

一旦你领悟到委派的威力，事情就会开始变得很有趣。

钱可以杠杆化，时间也可以

特洛伊·佩普
创业家，美国华盛顿哥伦比亚特区

很难准确描述特洛伊·佩普的职业。他就好像你在飞机上遇见的那些神秘顾问或投资人，你只知道他很成功，但你完全不清楚他是凭借什么产业或商业模式获得了成功。特洛伊显然非常享受这种闷声发大财的人生。他没有成名的欲望，也不想在大街上被认出来，他一点也不在乎别人对自己的看法。他唯一在乎的是成就卓越，做一些了不起的事情，以扩大他和他的小圈子的影响力。

特洛伊 45 岁上下，唯一比他闪电般的思考能力更唬人的，是他的外貌。特洛伊近 2 米的身躯上架着 114 公斤结实的肌肉。他有点勉为其难地和我分享了他的故事。我猜，如果不是我碰巧和他私交不错，你们或许就读不到这些文字了。

无论在房地产行业，还是全民健身广告领域，特洛伊都取得了巨大成功。他有一个强大的名片夹，这个名片夹帮助他的最新项目 Accelerent 在整个美国迅速扩张。

和一般的网络小组不同，Accelerent 是一个高端私人企业发展平台，它通过举办各种精心构建的社交活动，帮助会员发展真正有意义的人际关系网，从而辅助他们实现各自的商业目的。平台的终极目标，是让会员相互利用彼此的人际网络寻求商机。因为每座城市的每个行业只允许 1 家公司加入，所以会员可以尽情分享自己的人际关系而不用担心发生冲撞。

不对外开放的当地聚会是 Accelerent 项目组织

的社交活动之一。聚会每月举办一次，会员可以邀请新的客人参加，举办方则会为每场聚会都安排一名商业演说家。特洛伊现在所做的事情，基本上就是他一辈子一直在做的：让自己身边围满成功人士。

和很多成功人士一样，特洛伊的人生从逆境开始。特洛伊说："我父亲是一名教授，在很多大学任教过。他虽然不是很富裕，但绝对热爱自己的事业，他是一名真正的学者——直到他被意外解聘，而不是得到终身教职。我目睹父亲失去自己渴望的人生，他没能把命运掌握在自己手中。

"所以，8岁那年，我发誓自己要在30岁那年退休。当时我的工作是送报纸，每天花两个半小时送275份报纸。后来我发现，其中17份报纸需要花费我45分钟，因为订报人稀疏地分散在一条蜿蜒崎岖的街道上。所以我决定花一部分钱，雇用其他小孩来帮我送那17份报纸。就这样，无意间，我领略到时间的货币价值以及委派的威力。

"10岁那年，我发现帮人修剪草坪能赚到更多钱，于是我'转行'了。起先，我修剪一块大草坪可以挣到20美元，但一周后，因为要和家人去度假，我不得不请求一名小伙伴顶替我。他问我给他多少钱。我张开嘴准备说'20 美元'，但我突然顿了一下，改口说'5 美元'。他说，'太好了！'就这样，他帮我修剪了 3 块草坪，我赚了 60 美元，分给他 15 美元。从那之后，我就尽可能多地以 5 美元的价格雇用其他孩子修剪草坪。我不再每周花 40 小时修剪草坪，而是每周花 4 小时出售修剪草坪的工作。我的人生从此不一样了，我知道有的事情可以让我事半功倍。我发现了让时间倍增的秘诀，我发现了时间的杠杆。

"13 岁时，我拿出全部储蓄，并向银行贷款，买下了人生中第一栋房子。20 岁那年，我已经拥有超过 100 万美元的不动产。"

特洛伊接着谈到了被其他时间倍增大师称为"浮动"（The Float）的策略："我发现，就如你可以把自己的时间杠杆化一样，你也可以把别人的钱杠杆化。只要你以一个较低的利率借钱，然后投资到一个能够产生更高回报的项目中即可。"

特洛伊还谈到了商业中的财务杠杆，我很快发现，他和我在商业债务上的哲学完全相反。他的财务风险承受能力远高于我，他承认自己是"赚三笔，损失两笔"。

对此我不敢苟同，但我也没有直接表明，毕竟他是个身高 2 米的壮汉！

不用说，特洛伊用成功证明了自己，而且我们在时间杠杆化理念上不谋而合。想要将时间杠杆化，就需要掌握委派的技巧，而特洛伊在这一点上早已炉火纯青。

特洛伊承认道："罗里，我一翻开你的书，就知道里面写的就是我这种人，我是一名彻头彻尾的时间倍增者。事实上，我是时间倍增者中的'大师'，我非常擅长委派，以至于如果有什么事情我无法委派，就会感觉自己陷入了困境。如果你习惯于委派掉所有事情，那么一旦你需要自己动手，就会感到非常痛苦。我团队中有个叫迈克尔的人总结得最好，他说：'如果特洛伊亲自做某件事，那件事一定会被搞砸！'"

他说的非常正确，因为作为一名领导者，我的使命并非亲自上马，而是确保事情妥善完成。

"我的强项是建立愿景，顶住风险，为每个人创造出更多价值。很多人心里都有道坎儿，总是以为'没人能做得和我一样好'，我知道这句话没错，但只是在非常短的时间内没错。一旦观念转过来，你就会发现，其实你做的未必比某些专业人士好。我的经验告诉我，如果你授权他人负责某领域的工作，那么即便他一开始不那么出色，随着时间的推移，他们也会变得相当出色。80% 由别人来做，也比 100% 由自己来做好。同样，我也深知，凭借我的现有技能，让我负责 10 笔业务的 10%，比让我负责 1 笔业务的 100% 要划得来。"

我意识到特洛伊是我认识的最有魅力的思想家。回顾他的所有成就，我非常惊讶，他竟然栽培了那么多百万富翁。特洛伊用自己的委派和授权，帮助很多人达到了原本不敢想象的水准，对此我深受鼓舞。正是特洛伊的委派和信任，挖掘出了他人的智慧和能力。最后，我终于领悟到，特洛伊·佩普的全职工作一点也不神秘，他很简单，他就是一名时间倍增大师。

运用商业法则打理自己的生活

委派似乎是时间倍增大师最明显的策略之一，让别人替自己干活，从而为自己创造出更多时间。但是，由于大多数人都太执着于完美主义，所以只有极少人可以真正掌握这门技巧。

我在时间倍增大师身上还找到另外一种思维模式的转移——他们把自己看成一门生意（见图6.2）。他们把管理商业的法则，运用到管理生活的各个方面。试想一下，有多少职场法则可以用于管理我们的私人事务：

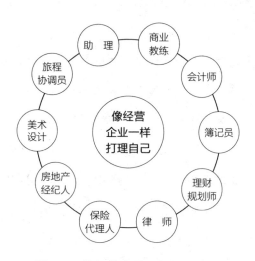

图6.2　像经营企业一样打理自己

　　助理　如果你从来没有雇用过助理，就去雇一个吧，这将彻底改变你的生活。你永远想不到自己花了多少时间来发电子邮件、抄写文件、打印或搜索资料。如果你的商业模式和结构允许，这是你应该进行的第一笔投资。

　　商业教练　时间倍增大师经常和教练泡在一起。因为他们知道，如果自己可以从别人的失败中汲取经验，可以雇用别人帮自己筛选最有价值的个人发展项目，并参考别人的建议躲开陷阱，那么请一名商业教练就是一笔稳赚不赔的投资。

会计师　你必须拥有一名优秀的会计师。如果你吸收了本书的观点，你不仅能让自己的工作成果翻倍，你的财富也会翻倍。所以你的个人团队里最好有一名优秀的会计师，随时为你答疑解惑，并给出建议。想一想你每次报税时会花掉多少时间，而你的时间的货币价值又是多少。如果你的时间的货币价值高于会计师的工资，那就雇一名会计师吧。

簿记员　这是最近我和妻子阿曼达最成功的投资之一。和办公室助理类似，一旦你找到一名优秀的簿记员，你的世界将发生巨大的变化。和会计师不同，你可以把一大堆收据交给簿记员，簿记员会帮你扫描，形成费用报表，为每年的报税做好准备。

理财规划师　这是另一种必备人才。即便你刚刚踏上财富倍增的征程，拥有一名优秀的理财顾问也会大有裨益。你的理财规划师的理财哲学最好和你的长期计划一致，并且在你问问题时不会吓唬你。他必须是你完全信任的人。

律师　这也是必备的人才。你的圈子里至少要有一名律师，这样当你有需要时就可以求助于他。

保险代理人 世界上有成千上万种保险，其中只有少数是你真正需要的。参阅戴夫·拉姆齐的著作《改变你一生的理财习惯》（*The Total Money Makeover*），你一定会受益良多。

房地产经纪人 这也是你的个人团队必备人才。只要你没有负债，购买已付清房款的房产就变成了你优先的投资选择。你可以把房地产经纪人当成你的独立合伙人，一旦有需要，随时打电话过去。

美术设计 我自己都感到惊讶，我经常需要有专业人士帮我做一些非常精美的东西。和值得信赖的人维护好关系很有好处。对于简单的项目，我推荐一个叫 99 Designs 的众包网站。

旅程协调员 是否需要一名全职的旅程协调员，由你的出差频率决定。找航班，订酒店，约出租车都会花费你大量时间。而它们都是你可以委派出去的工作。如果你有私人助理，那么他就可以为你解除大部分烦恼。但是，你应该有扩大个人团队的权限。

打理自己这门生意时有一个关键：30 倍法则。有时候，你可能花费了大量时间培养自己的团队，可是中途有人退出了，或你不得不换人。这确实令人沮丧，但是非常值得。你不应该只着眼于今天。作为一名时间倍增大师，你要意识到你今天投资的时间会对未来产生影响。

我也知道，并不是每个人都能找到适合委派的人选，但这并不影响法则本身的功能。因为就和你在职场中一样，你在生活中也需要一支团队。以下是另外一些你可以委派的人（见图6.3）：

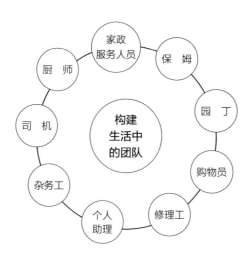

图6.3 构建生活中的团队

家政服务人员 只要家政服务人员的时薪低于你的时间的货币价值，你就应该毫不犹豫地雇用他。如果你想改善婚姻状况，请雇用一名家政服务人员，家里井然有序的场景会让你感觉非常好。

保姆　这是非常重要的投资。我不是催促你把抚养孩子的工作外包，但说真的，照顾孩子相关的琐碎事务确实多得惊人。你应该考虑在这方面节省部分时间和精力。

园丁　花园和草坪再漂亮，又有什么用呢？除非园艺是你的爱好，否则还是雇别人来为你打理吧。你可以节省下时间做一些更有意义的事情。给街头的孩子 10 美元，他们就能搞定你的花园。

购物员　这个项目看起来有点奢侈，但现实是，雇个人帮你购物是很普遍的现象。对商店来说，提供专职购物员也是时髦又贴心的做法；对顾客来说，你只要每周支付服务费即可。另外，网络购物也可以帮上大忙。

修理工　我完全不懂汽车。也就是说如果我学习更换车尾灯，其成本将高得吓人。如果修汽车不是你的爱好，还是把它交给专业人员吧。

个人助理　干洗、邮寄、送礼、购物……为国家的就业率做一份贡献吧，这是时间倍增大师的使命！

杂务工　你真的愿意花 3 小时装一台电风扇？请计算你时间的货币价值。

司机 我们每天花在路上的时间绝对超出你的想象。美国人每天的平均通勤时间是 25.4 分钟，一年下来就是 38 小时。让你在路上的时间的价值翻倍的最初级的做法就是听有声读物或者广播节目。但高级一点的做法是雇一名司机，这样你就能更充分地利用在路上的时间。很多首席执行官、董事会主席或其他高效能人士都会雇用司机，那可以为你节省下大量宝贵时间。

厨师 下厨是很多人的爱好，如果你也一样，那当然不用委派其他人来替你做饭。但是如果你不是很喜欢下厨，那么考虑雇用一名私人厨师吧。外卖服务也可以帮你节省时间。

看过上述名单后你应该就明白，**任何操持一个家庭的人，都是在经营一家企业**。不管你是家庭主妇还是家庭"煮夫"，你都在经营一家企业。你必须为家里的每个人把一切打理得井井有条，所以为你的工作感到骄傲吧。

即便你没钱雇用别人来为你打理各项事务，你也可以把这些法则运用到其他地方。缺钱并不代表你就不能找到好帮手。例如，如果你有孩子，让他们帮你干点儿活吧！

我记得喜剧演员比尔·考斯比说过："当我的孩子第一次看着我的眼睛说他不想做家务时，我也看着他的眼睛说，'那我干吗要生你呢，儿子？'"

孩子已经是你日常支出的最大项目了，不是吗？

就算带些勉强性质，让他们帮你干点儿力所能及的事情，你也是在为他们将来的成功打基础。你应该允许他们在帮你的时候犯适量的错误。

你不需要握有大量资金才能打造一支自己的团队。我的首席办公助理是个虚拟程序，时薪约为 6 美元。事实上，你可以不花一分钱就打造出自己的团队。你可以为项目创造一个愿景，然后激励人们为目标而努力。所以，培养一下自己画大饼的能力，然后邀请别人一起来帮你吧。

无论是职场还是生活中，你成功的高度，很大程度上取决于你团队的力量。所以，利用别人来弥补自己的短板吧。投入时间（甚至资金）来培训他们。同时，允许自己和团队不完美，作为一个整体去取得更多更丰硕的成果吧。因为从此开始，一切都看你的了。

时间倍增大师手记

要 点

♡ 我们应该尊重他人从犯错中成长的自然过程。

♡ 我们不愿意委派，是因为以下错误观念：别人做不到我这么好，或我自己可以做得更快。

♡ 时间投资回报率类似资本投资回报率，利用它可以衡量你投入的时间能产生多少回报。

♡ 时间的货币价值告诉我们，我们每个人都有一个时薪，如果雇用别人的代价低于我们的时薪，那么我们就应该雇用别人。因为我们不雇用别人，实际就是在雇用自己。

意想不到的发现

♡ 安迪·斯坦利告诉我们，领导力不是说要确保事情做好，而是要借他人之力把做事情做好。

♡ 任何操持家庭的人，都是在运营一项业务。

♡ 30 倍法则告诉我们，培训别人的时间应该是我
   们完成本项工作所需要时间的 30 倍。

♡ 绝大多数人都低估了我们处理日常生活所需要的
   技能数量，因此我们可以把生活中的琐事外包给
   别人，这样不仅为别人创造了工作机会，还为自
   己节省了时间。

令人惊叹的数据

♡ 年薪 10 万美元的人，时间的货币价值为 41.66
   美元，所以他们从工作中分心 20 分钟的成本是
   13 美元。

问问自己

♡ 你应该把自己哪些琐碎的任务委派给他人?

第 7 章

刻意拖延（Procrastinate）
刻意把事情拖到最后一分钟

PROCRASTINATE
ON PURPOSE

很多人都知道，"太晚"会产生成本，但其实
"太早"也会有成本，而我们经常低估后者。

时间管理的奇迹

如果你黄昏在湖边散步时，遇到一位渔翁，他的脚下系着一条绳子，绳子另一端泡在水里，那会是什么？

半打啤酒。除此之外呢？一整网鱼。

如果你是在上午11点去湖边，渔翁的网里会有多少鱼？就算有，也会很少吧。事实上，那时候你很可能根本不会遇到任何渔翁。他们不会在上午11点出来劳作，鱼儿们的饭点才不是那时候！鱼儿都在接近黄昏的时候才出来觅食。

如果你愿意，当然也可以选择上午11点出门钓鱼，而且往湖里抛尽可能多的鱼饵，就好比我们在职场上拼命加大工作强度、提高工作速度一样。但付出同样的努力，你在上午的收获永远比不上黄昏。通过分析这个故事，我们会发现，绝大多数人都不比渔翁更智慧。**选择合适的时间点，可以放大任何类别和等级技术的效果。**

想成为出色的渔翁，我们需要考虑的问题不是"我钓鱼的时间足够长了吗"，而是"我钓鱼的时间是正确的吗"。

我还有另外一个问题：渔翁会在抓到鱼后立即杀鱼吗？当然不会。为什么？因为他要把宝贵的时间用来钓更多鱼。那么，渔翁最后会收掉钩上的所有鱼吗？当然。但我们经常忽略这一点：**即便事情正确，我们选的时机未必正确。**

- ♡ 我们不会在房地产市场不景气的时候卖掉自己的房子；
- ♡ 我们不会在孩子刚出生的时候把所有精力都投入工作；
- ♡ 我们不会在圣诞节期间推出新的泳衣；
- ♡ 税务会计师不会在 3 月带全家去度假。

时机很重要。时间倍增大师懂得,重要的不仅是做什么，做多少，还包括什么时间做。在聚焦漏斗模型中，每个阶段都有一个重要问题等待回答。消除阶段的问题是：我可以把这项工作取消吗？自动化阶段的问题是：我可以把这项工作系统化处理吗？委派阶段的问题是：我可以让别人来做这项工作吗？

如果以上三个问题的答案都是"不"，那接下来会发生什么？这意味着你必须亲自完成这项工作。终于，你有真正的事情要忙了。由于这项工作很重要，我们最后还要弄清楚一件事：我们应该现在就完成它，还是稍后再说？

接下来是本章对应的重要问题，虽然我们通常只在压力过大或遭遇挫折的时候问这个问题，但现在，我要你有意识地主动问自己："这事儿可以先等一等吗？"如果答案是"可以"，那么，请做好心理准备，我要你，我希望你能刻意拖延！我要求你耐心等待。我建议你不要立即开始行动，我鼓励你暂且把事情放下。

"拖延症"和"刻意拖延"的区别在哪？

你或许会说："等待？罗里！你在《通往成功的七级台阶》中曾经说过，'行动是成功的终极前提'，而现在你又告诉我们'不要行动'？还有，你在那本书的第3章说过，'引导你的情绪，承认行动才是美德，决定是否做某事远远

150

不够'，现在你却鼓励我们'不要行动'？"

我懂你的意思，我的确这样说过，但拖延和刻意拖延有个非常微妙且重要的区别，我们经常把它们搞混。**拖延是指，有时候我们明知道自己应该做某件事，但真的不情愿去做。而刻意拖延，是因为我们知道现在并不是行动的最佳时机。**

第一种是无意识的拖延，不行动是因为我们不想做那件事。第二种是有意的拖延，不行动是因为我们判断现在时机欠佳。第一种是拖延症。第二种是有耐心。

无所事事和刻意拖延存在巨大区别，前一种是拖延症的症状，后一种则是耐心的彰显。刻意拖延的同义词就是耐心。耐心，会让你得到一些喘息的时间。耐心，会让你的生活得到一些空隙，不用面面俱到。耐心，是让事情慢下来。耐心，是花一点时间收集不同的观点。耐心是你高瞻远瞩时的按兵不动。

但是如果你知道自己应该拨打销售电话，却迟迟不敢动，这就是拖延。你知道自己应该去健身房，但你没有，这就是拖延。你知道自己应该进行一场艰难的谈判，但你没有，这就是拖延。你明知道有件事情现在就应该做，但你没有，这就是拖延！

所以你或许已经意识到，本章是《通往成功的七级台阶》和本书的关键交汇点，因为它们传递了同样的信息：**去做你明知道自己要做的事情!**《通往成功的七级台阶》讲的是如何做那件事，而本书教你如何把其他事情处理好，以保证那件事顺利抵达你面前。

也就是说，这两本书是相通的。但是，本书并非《通往成功的七级台阶》的续篇，而是它的前传。它们是硬币的两面。本书讲述的是等待的耐心，《通往成功的七级台阶》讲述的是行动的法则。想要让时间倍增，你需要两套理论相互配合。

生活中的成功，并不是非黑即白。它不是一个有着确定答案的简单问题。它是一系列作用力与反作用力不断冲突的结果。快与慢，大与小，逻辑与情感，耐心与行动。而最终的指南针，是你自己的精神。我们要倾听并信任自己内心的声音，它将指引你去做你知道自己应该做的事。耐心是一条伟大的规则。

最后一分钟，才是最合适的一分钟

你下一个问题或许是："好吧，罗里，你想要我尽可能等待，但并不希望我把事情拖到最后一分钟，对吧？"错，实际上，你要做的，就是等到最后一分钟再行动。我知道，你看到上面这句话可能有点懵了。因为"等到最后一分钟"看上去完全不像一个高明的点子，也肯定会让你不大自在。但先别惊讶。你还不明白，什么叫作真正的最后一分钟。

你可能会把"等到最后一分钟"和深夜、额外运输成本、额外的压力和计划外的调整等概念联系起来。那种最后一分钟不是真正的最后一分钟，它是最后一分钟之后的一分钟。

时间倍增大师的最后一分钟，并不是任务完成前的最后一刻。我们刚才提到过一个问题："这事儿可以先等一等吗？"这个问题的积极答案告诉我们，此刻未必是圆满完成任务的最后时机和最佳时机。

如果继续拖下去，将破坏你手头工作的完整性，那就不能再等了。所以，这里的**最后一分钟实际上是"在不会对任务造成任何负面影响的情况下，你可以等待的最后一分钟"**。如果拖到某一刻，需要你在其他方面做出牺牲，那么那项任务就不该拖下去。当这种事情发生，那项任务就会被自动识别，并进入聚焦漏斗模型的最后一个阶段。它将成为需要你专注处理的优先事项，我稍后再来展开这个概念。

所以，再接下去你又会问："好吧，罗里，既然如此，为什么你还会想要我等到最后一分钟？为什么不尽量在一开始就完成它？"问得好。事实上，当我第一次发现这条反直觉的时间倍增大师方法论时，我也产生了同样的疑问。为什么要故意等待呢？我们最后得出的答案是因为世界上的万事万物都在不停变化。计划会变，日期会变，价格会变，法律会变，技术会变，战略会变，天气也会变。在瞬息万变、灵活敏感、文化多样的当今社会，事物永远在不停地改变！如果行动过早，你很可能会被后来的意外变动搞得措手不及，而如果你晚一点行动，就可以避免这样的风险。

回到我们的忽略权限。你或许记得我说过，如果你能在今天抵抗住不必要的诱惑，就能为明天创造出大量时间。或许，我们手头的计划并不会轻易改变，但我们经常会遇到一些可能造成意外变动的外部因素。

- 客户预订了1 000套产品，你提前两周把它们打包好之后，突然接到业务员的电话，说客户更改了订单数量。于是乎，你重复劳动的成本增加了。
- 为保持存货充足，你下令生产了2万套产品。两个月后，你的竞争对手推出了一款更优秀的竞品。

于是乎，你的库存成本增加了。

◯ 你想要制作新的宣传单，并且投入了大量资金进
行设计和印刷。两周后，你发现需要调整营销信
息。于是乎，你有了巨大的沉没成本。

◯ 你终于准备好了打算做天使投资的钱，在三个投
资选项中，你选择了大门完全向自己敞开的第一
家公司。没想到其他投资人撤换了首席执行官，
新任首席执行官把公司搞砸了。而被你抛弃的另
外两家创业公司却做得风生水起。于是乎，你有
了一笔不幸的隐性成本。

以上仅是频繁发生的事例中的少数，它们都是意外变
动造成的各种成本。由于事情恶化的速度和它的变化速度
同样快，所以意外变动是一种非常实际的成本，它足以摧
毁一家公司。然而，意外变动成本不仅影响商业，它还会
影响我们的私人生活：

◯ 你把自己活期账户里的钱全部取出来买了一辆崭
新的跑车，但三天后接到通知说，有一处房产以
75% 的价格出售，如果无人购买则进行拍卖。你

很想买，但手头已经没有可动用的资金。你突然就有了一个痛苦的机会成本。

- 你急于准备好一个项目，并强迫自己提前完成了任务。然而，你的创意和平台都没有来得及深入开发，而且工作分配也没有清楚的计划。于是，你不得不推倒重来。

- 你急于享受爱情，并在匆忙之中结了婚。后来，你发现自己变了，你的配偶也变了。于是，你集齐了世界上一切类型的成本。

以前，我也被这些意外变动成本折磨得死去活来，直到我们的客户之一特洛伊·佩普在一次会议中说：**"无论什么时候，只要有可能，我不会轻易动手做某项工作，除非我找到了非做不可的压倒性理由。"**

所以，你肯定不希望一切太晚，但你也不希望一切太早。时间倍增大师只在最正确的时间工作。

遵循佩普的箴言后，一切都改变了。曾经，"早"就是"准时"，"准时"就是"太晚"，"太晚"就是"你被开除了"。现在，"太晚"仍然是"你被开除了"，但"早"代表"风险"，"最后一分钟"代表"准时"。而"太早"会让你暴露弱点，因为你没有充分利用自己最珍贵的资产：时间。

你还想再听另一个富人从来不会犯，而有些人几乎一辈子都没改正的错误吗？富人从来不提早支付账单或交税。

为什么？因为他们活在一个计算事物意义的世界。他们知道，与其过早付款，不如拿那笔钱先投资，进行时间套利，直到付款最后期限。也就是说，过早付款，会损失他们的货币的时间价值。

富人当然也不会逾期付款，因为那样会产生利息等额外费用，但他们也绝不会过早付款。他们的目标是等到最后一分钟，也就是最合适的时候。

过早采取行动，并不会让你创造更多的时间，它只相当于你把明天的时间挪到了今天，而且还增加了额外的意外变动成本。

当我说所谓时间倍增，就是把时间花在能为你的明天创造更多时间的事情上时，我的意思是，把事情放在今天做是对"明天做这件事"的优化，或者干脆把它从明天的待做事项中剔除，这可不是简单地时间上的提前而已。时间是我们最强大、最稀缺的资产，一定要充分利用它。把它用图画表达如下：

西南咨询公司有些客户属于所谓的"枪手"（Gun

Slinger），无论是公司客户还是个人学员。他们从不害怕等到最后一分钟。实话说，他们擅长在最后一分钟结束后再开始工作，直到任务最后期限的前一天晚上完成。他们无论在商业还是生活中的行事风格都是如此。

枪手永远不想承担行动过早的风险，但他们可能会行动得太晚。他们必须十分小心以免给人留下行事草率的印象。他们偶尔会做出一些愚蠢的决定，因为事情耽搁太久，他们来不及做全盘思考。枪手有时候会仓促上阵，然后拔枪乱射。他们可能会成为工作狂人。

就如之前提到过的复利，枪手经常会错失复利带来的价值，因为他们有一个错误的观念，即"这件事再拖一拖也能顺利完成"。但枪手不会因为行动过早而背负意外变动成本。走运的话，枪手的工作能够及时完成，但绝不会提早完成。

枪手不需要刻意拖延的帮助，因为他们在这方面已经做得很好了！然而，他们需要注意一下自己留给身边人的印象。

我们还有一些客户属于所谓的"忧天杞人"（Worry Wart）。他们没有耐心等到最后一分钟。他们想要尽快完成所有任务。行动果决是好事，但他们可能会因为行动过早，而背负沉重的意外变动成本。

忧天杞人可能会把所有人困在过早行动的陷阱中，以至于后期需要进行重复劳动。此外，他们可能会损失在最后时刻节省成本的机会，因为他们想要的是"尽快完成手头工作，再进行下一个任务"，而不是耐心地谈判。

忧天杞人有一个特点，他们以"提前完成任务"为荣。由于他们的动作太快，因此经常出现其他人跟不上的情况。所以他们完成任务后就会以为万事大吉，但实际上，等到别人跟上了他们的工作时，别人很可能会产生更好的想法，可以得到更好的结果。于是忧天杞人就不得不进行重复劳动。这给忧天杞人带来了惊人的压力，因为他们得把之前的工作推倒重来。

在忧天杞人看来，这是其他人等到最后一分钟才完成工作导致的坏结果。但事实并非如此。有时候，他们的同事确实会出现行动过迟的情况，一旦出现这种情况，忧天杞人会感到十分沮丧。但忧天杞人压力山大的更主要的原因是他们害怕等到最后一分钟，这让他们一直默默忍受着意外变动成本的痛苦。但他们意识不到自己的错误，他们只能责怪他人。他们需要耐心，需要给自己不完成的权限。

和糟糕的职场关系中，有时候出现的状况刚好相反，枪手和忧天杞人都不是傻子，不会无缘无故地给另一方设置麻烦。他们都是普通人，只是拥有的风险承受能力不同罢了。为取得成功，你的团队里需要同时配备这两种人。

枪手和忧天杞人是一对天生的相互作用力，正好可以让你既不会太早行动，也不至于太晚行动。他们的永恒冲突，创造出了有益的团队秩序，能够帮你找到真正"对"的行动时间。（见图 7.1）

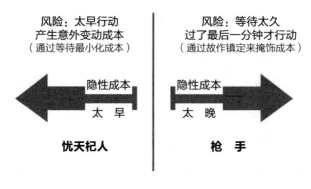

图 7.1 "对"的时间

别让"截止日期"限制了你

忧天杞人正是在刻意拖延方面存在困难的那群人。等到最后一分钟的观点，似乎和他们的灵魂相冲突。等待并不是人类的天性。所以，很多你见过的成功人士，都属于忧天杞人。他们是天生的执行者。他们能够搞定所有事情。事情混乱时，他们总能力挽狂澜。在他们看来，自己取得成功的关键在于不停地检查事项清单，并毫不犹豫地采取行动。

事实上，如果一个人必须在行动太晚造成的失误和行动太早造成的失误中选一个的话，我绝对推荐后者。然而，忧天杞人普遍倾向于把全世界都扛在自己肩上。他们总是有额外的立即行动的压力。就好像他们的脑海里总是有一个喋喋不休的声音，在催促、提醒他们接下去要做什么，以及所有即将到来的截止日期。

忧天杞人甚至对脑海中的催促声产生了依赖，他们正是在那个声音的驱动下才取得了今天的成就。然而，由于他们缺乏抵抗催促的能力，那个声音成了其自身能力的限制，让他们无法继续提升，达到时间倍增大师的境界。

更糟糕的是，那个声音，那种内在的危机感，会剥夺他们生活的乐趣。它会带来越来越多的压力。它或许会推动他们成功，但这种推动会把他们越逼越紧，让他们不断加速再加速。最终他们会搞定很多事情，但同时也对自己的人生失去了控制权，总有新的截止日期，总有新的项目要做，总有进度要赶。那个声音不断地逼他们，直到把他们所有的精力耗尽。

或许，有一天忧天杞人会幡然醒悟。他们会意识到，真正驱动他们的，并非截止日期，而是他们的想象。赶进度并不是他们真正的目标所在，那只是表面的东西。他们会发现，自己必须学会放下自己一直以来的信念。**如果足够幸运，他们或许会停下来一会儿，并最终发现，他们内心的压力，实际上是来自他们对"自己不够优秀"的恐惧。**

那一刻，或许是人生中的第一次，忧天杞人会感到醍醐灌顶。完成再多的工作，赢得再多的奖杯，赚到再多的钱，也无法让他们完成自我救赎，无法把他们从多年来的错误观念中解脱出来。相反，他们要做的就是给予自己不完成的权限。

不完成的权限，会让他们意识到工作永远做不完，永远都有大量的项目在推进。不完成的权限，会让他们意识到，有的事情看上去完成了，实际上并没有。世界上不存在终点线，也不存在截止日期。

忧天杞人会学着接受那些一般般的事情。他们会接受有的事情已经足够好的观点。他们会最终放弃掌控一切的想法，从而获得灵魂上的平静。一劳永逸地，他们会卸下查尔斯·赫梅尔所谓的"紧急性的暴政"造成的压力。然后，他们就能够以一种舒适的速度愉快地继续前进，开始学会等待最合适的时机，而不是盲目地推动工作。（见图 7.2）

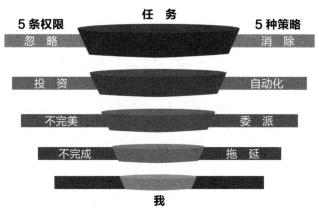

图 7.2 聚焦漏斗模型的第四层

紧急事件变成危急事件前，迅速灭掉它

迈克尔·布克
美国万通金融集团高管

无论你是谁，当你对自己的财富或投资状况产生疑问，你都希望尽快得到答案。所以，迈克尔·布克，

时间管理的奇迹

这位团队规模达 130 人、管理的资产超过 20 亿美元、2014 年卖出的人寿保险达 40 亿美元的大忙人，每分每秒都会被一大群高净值客户焦急地索要答案。

多年来，布克的代理机构一直在著名的美国万通人寿保险公司里排名第一。我曾曾经数次造访布克的办公室，可以说，任何一天，布克都会收到几百封电子邮件，并且每天至少有 5～10 名蛮横的不速之客前来干扰他早已排得满满的日程。布克有着独特的个人魅力，思维敏锐，充满自信。他与我谈起自己如何成为一名超级高效能人士和时间倍增大师。

"我最重要的职能是随时帮助我们的客服经理（用他的行话说，就是保险代理人或保险销售），这是我义不容辞的责任。我的工作并不是处理文件，而是搞定'人'。我需要和客服经理亲自交流，以保证他们有足够的资源来完成自己的工作。面对 130 个人无间断的求助，我设定了自己的规矩，并形成了一套经过深思熟虑的哲学观点。"他对我侃侃而谈。

"你必须意识到今天你所感受到的巨大压力，并非来自自己的危急事件，而是其他人把他们的紧急事件强加到了你头上，而这是我们无法改变的客观现实。

除非我判定那是一桩危急事件，或者我是唯一能搞定那件事的人，否则我从不允许别人把他们的紧急事件推给我。这相当于在不停地计算'我手头哪件事会对将来产生最深远的影响'，很像医院的验伤分诊。"

为了深入了解布克的潜意识流动过程，我继续问："你是如何做那种计算的呢？你怎么知道现在应该处理谁的事情，又应该忽略谁的请求？"

"无论别人是通过电子邮件、门卫找到我，还是直接破门而入，我只想迅速弄清楚一件事，即他们带来的坏消息究竟是'紧急'（Urgency）事件还是'危急'（Emergency）事件。"他放慢语速，就好像是第一次把这个高明的观点用语言表述出来。

"这两个词有什么区别吗？"我问。

"紧急指的是对一种即时需求的满足，比如某人想要马上得到一个答案，或为想要为了了结一项工作而急于完成它。而危急是指那些意义非常重大的事情，如果你不现在处理，就会后患无穷。当某人为了提交一个文件而寻求我的批准，不管理由是什么，那是紧急事件，我会先把它放到一边，有空再处理。但是，如果一名重要的客户正在大厅和一名新人保险代理沟通，旁边又没有其他有经验的人协助，那就是危急事件，我会立即处理。

"想区分二者，有个简单的方法，就是问'这件事可以先等一等吗?'，我经常要求员工这样自省。他们会恍然大悟，因为大多数时候，答案都是肯定的。所以，如果一件事情可以等一等，我们就会制定一个计划，确定何时及如何处理它，而不是现在马上动手。紧急比危急更常见。紧急是某人失去主见的结果，比如客户施压导致保险代理人变得焦躁，现在就想要一个解决方案，但实际上并没有这个必要。危急是指某件事在短期内的处理结果将对未来造成深远的影响。帮助别人弄清楚紧急和危急的区别是我的职责，我不会让别人拿紧急而非危急的事情来打扰我。"

我接着问："你会用同样的方式把自己的员工分为'需要马上见面谈'和'可以有空再处理'两类吗?"

"虽然听起来不太好,但答案是'当然'。一般来说，如果员工觉得自己遇到危急事件了，而那件事对我来说又确实紧急到成为危急事件，那我就会马上施以援手。我会救他们一次，然后告诉他们，尽量不要把工作拖成危急事件。但毫无疑问，我会按优先顺序分配自己和他人相处的时间。

"如果我正和自己最一流的员工坐在一起讨论工作，这时候有人冲进来找我，我会很不高兴。相反，如果我和别人正在谈话，然后公司最出色的保险代理人走进来说：'我遇到麻烦了，需要马上处理。'我会先问他，这事儿能稍等一下吗？当然，如果是有经验的人，他冲进来之前应该已经问过自己这个问题了。确实等不了，我就会允许他打断我。让优秀人才知道我是他们坚强的后盾，这很重要。这不是所谓厚此薄彼的问题，而是我有责任最大化利用自己的时间，并为整个团队的利益考虑。

"我不仅会用这种方式对待保险代理人，换成一名已经展露出相当潜力的普通职员，我也会在他身上多花一些时间。比如，如果我对某人略指点一二，他就能迅速领会到很多东西，并可以自己做很多决断，不必再事事找我，我就会尽量抽出时间指导他。换句话说，我会公平对待所有人，但不会完全同样地对待所有人。

"我的根本职责是观察前方的道路，为整个团队寻找取得最大成功的机会。我可以开支票把问题打发走，但我没法开支票给予自己更多时间。因此，每一分每一秒，我无时无刻不在计算，以保证自己把时间花在了对整个公司来说最有价值的地方。我必须把当下的时间，投入到能够为团队在未来带来最大回报的事情上，其他事情，一概推到一边。"

可以暂时不去管的事情

说起来有点讽刺，尽管有 91% 的人宣称自己总是会往最好的方向预测工作结果，但我们大多数人由于害怕把事情搞砸，总是急得像热锅上的蚂蚁。时间倍增大师告诉我们，有时候等一等也无妨。

我们可以稍微慢一点。事情永远不会有听起来那么差，也永远不会有看上去那么美。世界末日不会到来，公司也不会突然关门歇业。慢下来不仅对你的灵魂有益，也能为你的人生创造出更多空间、时间。慢下来可以让你孕育新的想法，发现新的视角；慢下来可以减少意外变动带来的风险。有时候，今天的一次耐心等待，很可能帮你省去明天的重复劳动。

或许，你在职场上并没有决定哪些项目可以等、哪些不可以等的自主权,但这条法则对你依然适用。无论你是谁,你总是有一些可以自己做主的事情,哪怕是某一个项目的最微小细节。而工作之外,我们可以全权决定如何分配自己的时间。所以,今天哪些事情我们可以拖延一下,从而为明天创造出更多时间呢? 来看以下例子:

账单和纳税 我们已经讨论过这一点,而且令人惊讶的是,亲自动手做这件事几乎是所有富人的习惯。而时间倍增大师可不会把时间浪费在这样的事情上。

大金额订单 时间倍增大师往往会在提交大金额订单之前尽可能地等待。他们以此最大可能地避开意外变动成本。

大笔开销 富裕的智者经常告诫我们,在投入大量资金消费或投资时,要至少再等一个晚上。之所以这样做,原因之一是降低突然改变主意造成的意外变动风险。一般来说,涉及的资金越大,你就应该花越多的时间来深思熟虑。

含不确定因素的事情 如果你对一个决定没有 75% 以上的把握,就不要做这个决定。和本章之前提到的观点类似,你需要注意,自己的拖延究竟是为了最小化意外变动风险,还是你明知道这是最佳决定,却迟迟不愿意行动。

虚假火情 领导者往往是时间倍增大师,时间倍增大师很多都是领导者,所以作为一名领导者,别人会带着各自的问题来找你。虽然对他们来说，那些问题都很紧急，但从意义的层面来考虑，作为领导者你应该减少和"小火情"纠缠的时间。你不必明确告知他们"那是一件小事"，但你应该有意识地拖延对其实不算灾难的"小火情"的处理。**作为一名时间倍增大师，你不再是灭火员，而是一名播种人。**对于把别人弄得心急火燎的事情，你应该淡定一些，因为你的眼光需放得更加长远，你要考虑事情的深远意义。

以上只是我们从许多客户身上观察到的、可以进行刻意拖延的少数代表性事项。你越擅长刻意拖延，你越会发现在生活和工作中有很多事情其实都可以先放一放。

对一项活动进行刻意拖延，就等于把它放回聚焦漏斗模型的起点。被刻意拖延的事件会进入等待状态，回到聚焦漏斗模型的第一阶段。所以你经常需要重新评估手头那些别人口中的"最紧急待办事项"：

- ♡ 如果没有它，你也能继续生活下去吗？（忽略）
- ♡ 它可以被系统处理吗？（自动化）
- ♡ 可以把它交给别人做吗？（委派）
- ♡ 这件事可以先等一等吗？（拖延）

当然，一项任务不会永远困在这个循环当中。因为循环几次之后，一些奇妙的事情将会发生。因为一项任务循环几次之后，你会意识到，原来它并没有你之前想的那么重要或有意义，和手头的其他事情相比，它永远算不上紧急，所以你应该做一件早就应该做的事：把它从日程表中去掉。又或者你会在很长一段时间后才意识到，那项任务消失了。这时候你或许会很惊讶："那件事后来怎么样了呢？"原来是别人替你搞定了，他们自己做决定，并独立解决了问题。给身边的人多一些发光发热的机会，你会得到意外的惊喜。此外，还有一种可能的情况：当你再问"这件事能够先等一等吗"的时候，答案变成了"不能"，于是你就必须进行下一步。

批量化处理，把每一次的效率最大化

我们都知道批量生产的概念，它是指一次性生产大量的物品，而不是一次只生产一个，这样生产成本就会降低。比如汽车，你购买一辆流水线上生产的普通汽车，永远比买一辆劳斯莱斯便宜，因为后者每一辆都需要独立手工制作。

我第一次把"批量"的原则和"时间"联系起来，是在丹佛大学的大一会计课程上。教那门课的教授说："显然，你不会每赚到一笔钱就跑银行存一次。哪怕是做小本买卖的人，通常也会攒上几天之后再把钱一次性存入银行，因为这样可以节省在路上来回跑的次数和时间。"

其中的道理简单明了：推迟单项工作的完结点，这样到最后，你就可以把一次行动的效率最大化。通过拖延相似任务的完结点，不仅可以让你的时间倍增，还能最小化从一项工作转到另外一项工作的间歇变动成本。以下是一些常见的适合批量处理的任务：

电子邮件 你或许不太敢等上几小时才检查电子邮箱，因为你害怕客户需要马上得到回复。那是恐惧心理在作祟。任何精神正常的人都不会期望自己的电子邮件被即时回复。如果对方真的想要得到即时回复，是时候和那名客户终止合作关系了，因为他不值得你浪费时间。你可以回头看看第 4 章有关"不可理喻的人"的部分。

另外，我也不是要你三周后再回复别人的电子邮件；我的意思是你可以稍微等几小时。世界上有多少事情连几小时都不能拖呢？关闭电子邮件送达的提醒功能吧。可能的话，把邮箱图标从你的手机主屏移除，放到其他角落去。这样你就可以有计划地定期检查邮箱，而不会被优先权稀释综合征困境，也能把你的间歇变动成本最小化，让你能够更好地集中精力，进而使时间倍增。这种行为方式，不仅不会降低你在客户心目中的价值，反而能够提高你的身价。

会议讨论　很多提出质疑或需要讨论的电子邮件都可以先放一放，它们更适合在会议上处理。如果你们有固定的开会时间表，那么最好为每场会议制定一个独立的"讨论主题"清单。这样你既能减少未处理电子邮件的数量，又能提高开会效率，可谓一举两得！

文书工作　如果你是一名销售人员，却拿每天的黄金时间来做方案或处理文件，并坚称自己是在"最合适"时间做了"最合适"的事情，那你一定是在愚弄自己。你是在逃避，逃避打销售电话。我建议你把文书工作留到非黄金时间做，最好直接消除这项任务。

一切购物活动　如果你还没有给自己配私人助理，除非购物是你的个人爱好，否则就养成列购物清单的习惯，并尽可能地把购物或逛网店的时间往后退。事实上，老人家最喜欢用的购物清单是一个绝妙的方法，之所以这样说，是因为它不仅是一张清单，它更可以让你安心地等待，推迟去商店的时间，进而节省花在去商店的路上和选购的时间。

电话 如果你有一堆电话要打,尽量把它们集中处理。没什么比隔一小时打一次电话或开个会更令人沮丧了,因为这样你就没有整段的、能集中精力工作的时间,而整段的工作时间非常宝贵。让你的助手把所有预约都集中在一起,这样你就可以减少时间的损耗。

支付账单 如果你还没有把账单支付的工作自动化,也没有簿记员,那就把它们集中处理吧。很多人都已经懂得了这一点。

感谢函 除非特别紧急的情况,否则你可以把写感谢函的工作攒几周再做,然后一次性发出。你的手或许会很累,但这能降低你的间歇变动成本。

世界上有无数事情你都可以批量处理。最关键的是,要注意到在两项工作之间转换时形成的间歇变动成本,注意相似的非重要任务何时产生,并在合适的时间集中处理它们。

另外,需要注意的是,那些被刻意拖延的事项回到聚焦漏斗模型的起点后,自然而然就聚集起来了。单项任务的意义或许不足以引起你的重视,于是你把它打回起点。但一堆这样的任务,或许对你来说就意义重大了。电子邮件就是一个绝佳的例子,你忽略它几小时甚至几天都没什么大问题，但千万别拖太久，否则你真的可能漏掉重要电子邮件。

　　每收到一封电子邮件你都即时处理的话，就会造成巨大的浪费，因为会产生间歇变动成本。但是当你把一堆待办电子邮件集中到一起，它们集体的力量就会催促你批量回复，而不是继续拖延下去。这时候，这些电子邮件就会通过聚焦漏斗模型的检查，进入最后一个阶段：集中处理。

实现梦想的方式，有时候是"等待"

　　当今世界，最需要的东西之一就是耐心。我们总是匆匆忙忙，一刻不停。我们总是在寻找加速的办法，因为在普通人的头脑中，速度是成功的第一要素。

　　随着技术的进步，我们已经习惯于即刻满足自己的所有欲望，所以当我们无法立即得到想要的东西时，就会产生挫败感，然后迅速转向可以满足我们紧急需求的其他提供者或环境。我们生活在一个严重缺乏耐心的世界。

　　我希望你已经开始接受这个概念，即耐心和刻意拖延可以成为一种非常可靠的处事策略。刻意拖延可以消除一些负面因素，比如潜在的非必要变动成本。另外，耐心也会带来极大的情感价值，它不仅能够降低成本，还可以磨砺我们的品质。

2012年2月6日，我出版了处女作《通往成功的七级台阶》，那年我29岁。几周后，它位列亚马逊、《今日美国》和《华尔街日报》畅销榜第一和《纽约时报》畅销榜第二。几个月后，它被翻译成10种语言在国际上出版。此后，不断有人问这个问题：你和你的西南咨询公司是如何"一夜成名"的？

发问者完全不知道在此之前我们努力了多长时间，以及为了最后的伟大时刻，我们又等待了多少年月。一切开始于2003年，当时我和大约1 000名大学生坐在一个大厅里，接受"西南优势"为期一周的动员和类似工商管理硕士课程的培训。"西南优势"项目已经成为一种传统，并延续了超过150年。

2003年的那场培训的开场演讲人是丹摩尔公司（Dan Moore）的总裁，他毕业于哈佛大学，是我见过的最棒的演讲人。当年我只有17岁，看到他的那一刻，我突然意识到自己理想中的工作正是他在做的事情。我渴望成为一名演讲人，但我知道自己必须等待。

之后的5个暑假中，我每天勤奋地工作14小时，每周

6 天，挨家挨户推销那些书和软件。虽然最后我差不多攒了 25 万美元，但那 5 个暑假的每一天都非常漫长和艰难。我的梦想是作为演讲人把我工作的经验传授给他人，但我知道自己必须等待。

从丹佛大学毕业后，我决定加入西南咨询公司，继续追逐自己成为演讲人的梦想。我有幸得到了殿堂级演讲人埃里克·切斯特和他的作家朋友大卫·阿夫兰的指导。他们建议我想办法加入国际演讲会，于是我有了新的目标。很快，我知道了世界公众演讲大赛，并为了能够参赛奋斗了 2 年，因为我相信，如果可以获得世界公众演讲大赛的冠军，我就有机会实现最终的梦想。我无偿演讲了 304 场，收到超过 3 000 条评价，花了几千个小时看录像，花了数千美元接受培训。终于，2007 年，我从超过 25 000 名选手中脱颖而出，作为 10 强选手参加决赛，最终输掉了。我曾离梦想那么近，但事实是，我必须继续等。

差不多同一时间，我和几位同伴（包括我未来的妻子）开始做销售培训班。我们自己开课，自己卖课程，把梦想紧紧握在自己手中。渐渐地，事业有了一些起色。在这两年半中，我们每天都要打几十通销售电话，一共做了几百场培训。虽然我们非常拼命地工作，但每年依旧损失数万美元。面对迫在眉睫的财务灾难，我们把主要业务转向了为客户提供一对一销售培训，而不是开设集体培训班。我的梦想再次进入了等待状态。

在演讲界赢得到几分虚名后，我决定写书。18个月内，我不断接洽作家代理人和出版商，但努力全都白费了。我为梦想拼尽一切，但一切都打了水漂。我必须等待。

随后，2010年11月，在众人的帮助下，在漫长的努力和等待后，一位叫内娜·马多尼亚的作家代理人给了我一次机会。她帮我叩开了一家出版社的大门，我得到了人生中最重要的一次机会。当时，西南咨询公司的规模已经扩张到45人，我们蓄势待发。之后又是14个月的漫长等待，我们盼望着伟大时刻的来临。

再一次，在大家的帮助下，我们制定了一系列严密的销售和发行策略，接下来的事情的大家就知道了。可以确定的是，这一切都不是"一夜之间"发生的。

回首来时路，我懂得了这样一个道理：当我下决心想要某样东西时，其实我还没有准备好，但在我的努力下，我会慢慢接近它，并最终实现目标。

如果我没有在"西南优势"项目待足够长的时间，我就不会掌握那些引导我最后走向成功的技能。如果我赢得了公共演讲世界锦标赛的冠军，或许这辈子都不会动写作的念头，而会去专心教别人如何成为优秀的演讲人。如果没有创办培训班的失败经历，我就不会成立后来的核心业务，更不会得到现在这样一个大舞台。如果不是《通往成功的七级台阶》的出版太过艰难，我们就不会制定如此详细的发行计划。当我回首往事时，我明白了一个意义深远的道理：**关于梦想的答案，有时候是"是"，有时候是"否"，有时候则是"等待"。**

时间孵化思想。时间让关系深厚。时间让人成熟。时间让我们的梦想和人生的终极目标融合一体，并最终成型。有时候，时间会让你懂得放手，追求另外一种东西。虽然我们总是安慰自己明天会更好，但有时候并非如此。我也曾强烈信仰过行动的力量，但我们不能忽略耐心的价值。有时候，耐心或者说等待是最好的策略。有时候，你选择等待后，你会发现事情会自然而然地峰回路转。

我从不完成的权限中学到了反直觉。这看起来违反自然，而且令大部分人感到不舒服。准确而深刻地理解耐心和时间的价值，其意义无法衡量。**很多人都知道，"太晚"会产生成本，但我们发现，"太早"也会有成本，而我们经常低估后者。**就如行为准则中蕴藏着强大力量，耐心等待也能为你带来无穷的力量。太多事实证明，我们应该也必须学会刻意拖延。

如果你正和自己爱的人深情对望，你的电话就可以先等一等。

如果你是正处于工作黄金时段的销售员，你的电子邮件就可以先等一等。

如果你是一名领导者，手下的一名团队成员累倒了，你的项目就可以先等一等。

如果你是一名会计师，而今天是发工资的日子，你凌乱的桌子就可以先等一等。

如果你的某位家人即将去世，今天是你最后一次告诉他你爱他的机会，那么无论你正在忙什么大事，无论你可能损失一笔多大的交易，无论你可能会惹怒一名多么重要的客户，或无论这会让你付出多少金钱上的代价，一切都可以先放下。因为在工作中，今天没做完的事情可以留到明天，但和家人没有做的事情，将会成为永久的遗憾。

好消息是，当你学会让自己的时间倍增时，你就不用总是做这种痛苦的选择了。

时间倍增大师手记

要 点

○ 时机很重要。就如行为准则中蕴藏着强大力量，耐心等待也能为你带来无穷的力量。

○ 拖延是指明知道自己应该做某事，但是不愿意动手；耐心是指因为现在不是行动的最佳时机而需稍作等待。

○ 拖延是因为自我放纵而不采取行动；耐心是为了某种目的而按兵不动。刻意拖延等同于耐心。

○ 枪手可以等到最后一分钟，但要注意不要因为等待过久而造成不必要的成本。忧天杞人则需要学会耐心等待，避免意外变动成本。想打造一支伟大的团队，你同时需要这两种人才。

○ 忧天杞人习惯独自扛起世界，他们内心总是有立即采取行动的压力。他们需要赋予自己不完成的权限，并学会和不那么优秀的事物和平相处。他

181

们需要懂得，有时候慢下来是一件好事。

意料之外的发现

♡ 等到最后一分钟再行动是一个好习惯，因为这可
以避免产生意外变动成本。但不要过了最后一分
钟还不行动，因为这会造成压力、焦虑和许多
商业上的负面成本。所以，行事不要太晚，但
也不要太早；时间倍增大师总是选择最合适的
时机行动。

♡ 提前做某事和"创造"更多时间是两码事。提前
做某事，只不过是把明天的时间挪到了今天，并
增加了意外变动成本。

♡ 耐心并不只是等待。耐心能给你喘息的时间，为
你的生活创造出空隙，让你不再因为担心自己不
够优秀而一刻不停地忙着证明自己。

令人惊叹的数据

♡ 91% 的人会往最好的方向预测工作结果。

问问自己

♡ 在生活的哪个领域，你需要学会和平庸的事物和

平相处，并相信时间会给你完美的答案？

第 8 章

专注（Concentrate）
保护自己，不受别人的干扰

PROCRASTINATE
ON PURPOSE

你对他人的最高义务是成为最好的自己。

时间管理的奇迹

　　农民每年都会经历一次收获的季节。每年一度，他们都要为了生存，在最正确的时间收割庄稼。你知道，在收获的季节，平均每位农民每天要工作多长时间吗？大约18小时。

　　他们大概在早晨4点半起床，晚上11点收工。鉴于他们来年的生计完全依靠今年的收成，在收获季节，你认为农民有资格生病吗？在收获季节，你认为农民有资格疲惫吗？在收获季节，你认为农民有时间停下来评估其他职业选择吗？

　　绝对没有。他们必须抓住有限的黄金时机来收割农作物。错过了时机，在一年中的其他时间再努力也于事无补，因为他们只能在收获的季节进行收获。

收获季节，农民的脑子里根本没有疲惫、憔悴或恼火等概念，因为那是他们一年一度直接决定自己来年生活质量的机会。抛去农民在收获季节的感受不谈，他们把自己的思维设定成一种独特的模式，这种模式能够帮助他们把收获季节的成果最大化。无论有没有干过农活，你一定能够理解这句谚语的含义：**你在收获季节加倍努力，之后就可以尽享清闲。**

我们为什么要谈农民？农民的专注力无与伦比，他们恪守承诺，几近疯狂地去完成手头的工作。而这些，是你在运用时间倍增大师最后一条权限时需要掌握的技巧。时间倍增大师的第五条策略就是专注。

我选择用"专注"这个词语描述时间倍增大师的状态，有几个理由。专注可以是一个动词，代表"竭尽全力去做某事"。到聚焦漏斗模型的最后一个阶段，你需要的正是专注。

但是，我选择这个词的最主要原因是它在英语中作为名词时的解释。专注，在英语中也指"某物的浓缩状态"，比如浓缩果汁。顺便说一句，专注是稀释的反义词。优先权稀释综合征，正是本书要解决的主要问题。

专注，是对时间倍增大师思维模式最准确的诠释。时间倍增大师的头脑，永远在权衡事物的长期意义。专注就像是加强版的二八法则，它像是时间倍增大师与生俱来的天赋，能让他们在短时间内判断如何把时间花在最具影响力的地方，以便为明天创造出更多时间。

无论是什么事情，一旦确定，时间倍增大师就会把所有的精力都倾注其上。换句话说，他们专注于充分利用自己的时间。时间倍增大师会使用一些工具来帮助自己集中精神，因为他们深知分心的危害。所以，一点也不意外的是，全世界只有 8% 的人会制定详尽的周日程表，而这一比例在时间倍增大师里高达 85%。

更有意思的是，开始研究的时候，我们假设时间倍增大师会用一套很复杂精细的系统来处理电子邮件，但我们完全错了，时间倍增大师根本没有这样一套系统。事实上，几乎所有和我们谈过的时间倍增大师都认为，电子邮件会拖慢进度，降低效率。一位时间倍增大师就总结道："我讨厌电子邮件，因为它会扰乱我对重要事情的天生的辨别能力。收件箱的最大作用就是整理别人的事情的优先顺序。"

在这方面，聚焦漏斗模型有点像一张时间表，帮助我们不因为琐事而分心。聚焦漏斗模型中的每个阶段都有一个检查点，确保我们永远在轨道内。

在消除阶段，检查点的问题是：没有这项任务，我是不是也能活得好好的？在自动化阶段，检查点的问题是：这项任务可以被系统化处理吗？在委派阶段，检查点的问题是：这项任务可以交给其他人吗？在拖延阶段，检查点的问题是：这项任务可以先等一等吗？如果上述所有问题的答案都是"不"，那么，你终于有了一项优先任务。

此刻，时机非常完美。此刻，就是采取行动的最佳时间点。终于到了扣动扳机的时候了。是时候专注于前进，而不是保持完美了。是时候"准备、瞄准、开枪"了。是时候迈上通往成功的七级台阶了。是时候全神贯注了。是时候去做那件你知道你现在最应该做的事情了。

优先事项，是指"接下来最具意义的事情"。所以，优先事项可以是任何达到"意义重大"级别的任务，它不一定在你原有的计划之中。换句话说，能够让你时间倍增的刻意拖延系统，并不是在帮你辨别优先事项是什么。因为我们早就知道什么是优先事项，比如信仰、家庭、健康、乐趣、能力和财富。真正的问题应该是，此时此刻，你的优先事项是哪一个？

一次只专注于一件事

在某一时刻，**你只能有一件优先事项**。优先本身的含义，就是指"排在所有事情最前面"。所以，你一次只能有一件优先任务，它通常就是你手头正在做的事情！

任何时候，你正在做的事情就是你选择的优先事项。没错，这就是所谓的活在当下。这能帮助你集中注意力，让你全身心投入手头事务，而不是身在曹营心在汉。

所以，是时候你脑海中的其他事情，专注于眼前的任务了。如果你手头的事情并不是你真正的优先事项，那么把它消除、自动化处理、委派他人或刻意拖延，然后以最快速度投身于你真正应该做的事情！

但是，永远不要对自己撒谎，不要明明知道最应该做的是另外一件事，却欺骗自己手头的事情才是优先项。或许，你想要做的事情中有的事情意义更为深远，但只要你没有做它们，它们就不是你的优先项。

以前，我们一味认为我们的优先事项就是家庭、成功或信仰，这是人生中最大的谬误。实际上，**只有正在进行的那件事才是你真正的优先项**。如果你正在看电视，你就把看电视当成了你的优先事项。如果你正在排队买咖啡，如果你正在玩手机游戏，如果你正开车去上班，如果你正在回复电子邮件，如果你正在锻炼身体，如果你正在读这本书，那么它们就是你此时此刻的优先事项。

所有的优先事项，只是达到最终目的的中间过程。比如，每天你都会把开车去工作当成优先事项，因为你必须通过这种方法把自己送到目的地，才能真正开始努力工作，赚足够多的钱，从而给孩子最好的生活。但是，这没关系。

请记住本书的核心观点：你通过赋予自己权限，把今天的时间花在可以为明天创造更多时间的事情上，从而让自己的时间倍增。你选择把今天的时间花在某些事情上，不是因为它们是最终的目标，不是因为它们做起来最方便，也不是因为别人要你做这些事情。

你选择做某事，认为它是你当时唯一的优先项，是因为它们能为你创造更好的结果，为你的明天创造出更多的时间。记住：当前的优先事项是你通往下一阶段的阶梯。懂得了这一点，你就会知道为什么要做手头的事情，就会知道正在做的事情具有怎样的目的和意义。

不仅如此，你还可以就此分辨出，自己正在做的哪些事情对你没有帮助。你会甄别出正在做的哪些事情，不会为你的人生创造出更好的结果。你会练就一双越来越明亮的火眼金睛，从而明白这个道理：**在你完成下一项最具意义的优先任务之前，其他所有事情都是干扰事项。**

别再无休止地迎合他人

接下来，你必须回答这样一个至关重要的问题：**我正在做的事情，把我的时间意义最大化了吗？**你正在做的事情，会让你离最佳结果更进一步吗？它会让你的时间价值最大化吗？它会产生期待中的影响吗？它会让你在那一刻成为最好的自己吗？

如果答案是否定的，它就是一个干扰事项，一种诱惑，一种压力。它是别人的优先事项，甚至可以是任何事情，但一定不是你的优先事项。如果是这样，请立即停下你手头正在做的事，即刻悬崖勒马！回到你应该做的事情上去，回到正轨，找到属于你的优先事项。

但我们绝大多数人都没有那样做。我们明知道有的事情会让自己偏离正轨，却不及时制止。我们继续和那些无关紧要的琐事纠缠不清，一遍又一遍地在那些蠢事上浪费生命。为什么会这样？是因为你我不在乎人生理想是否实现？是因为你我不珍惜时间？不，恰恰相反。

我们是在拿别人希望我们做的事，替换我们原本应该做的事。我们让自己处于紧急性的专制统治之下，对意义更为重大的事情视若无睹。我们把自己置于巨大的工作压力和干扰之下，仅仅因为我们非常害怕别人对我们失望。

我们不希望别人以为我们不在乎他们，所以我们一周7天、一天24小时无休止无间断地回应他人的召唤和要求。我们不希望被认为是小气鬼，所以我们愿意做一切显得自己大方的事。我们不希望被认为是反对者，所以我们在错误时间举手同意错误的决定。我们不希望被看作叛徒，所以我们一定要忙得昏天暗地。我们不希望被看作弱者，所以我们不断勉强自己。我们不希望被认为是自私鬼，所以我们忽略自己的优先事项，专注扮演活雷锋。

以上一切都是因为我们没有给自己自我保护的权限。

我们没有赋予自己权限，没能让我们专注于自己的优先事项。我们专注于能产生即时影响的事，而非影响最深远的事。我们疑虑不定，不敢担保自己认为的就是正确的事情。

在无休止地迎合他人、证明自己的过程中，我们忽略了真正重要的事情：**你对他人的最高义务，是成为最好的自己**。还记得航空公司的建议吗？"如果机舱失压，请先给自己戴好面罩，然后再帮助身边的人。"

你应该给自己相应的权限，专注并保护好自己。这不是因为你是混蛋，而是因为你在乎。不是因为你很自私，而是因为你的目标是服务他人。不是因为这最符合自己的利益，而是因为这最符合你身边人的利益。你出现在这个世界，是为了做一些他人所不能之事。这些事专属于你，只有你能够完成。它要求你成为最好的自己，否则，你就会连累他人。

集中精力做大事

作为一名时间倍增大师，你有义务把今天的时间花在能为你和他人的明天创造出更多时间和机会的事情上。我们要做正确的事，不仅为现在，更为将来。

如果你以前不信任自己，那么我希望你现在能够看清事情的始末。我希望，聚焦漏斗模型能够给予你坚定的信仰和自信，帮你判断下一个优先事项是什么。我希望，这能帮你得到自我保护的权限。

自我保护的权限，会给你的人生带去一条直接而实用的策略：**暂时忽略小事，把全部精力集中于大事**。所以，你唯一会让别人失望的事，唯一会损害身边人的事，唯一

会导致报恩失败的事就是你专注于无关紧要的小事，而不去做的意义重大的事。（见图 8.1）

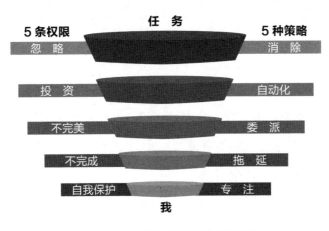

图 8.1 聚焦漏斗模型的第五层

利用好零碎的 15 分钟

托尼娅·迈耶

罗敦与菲特公司直接销售，美国田纳西州

托尼娅·迈耶是 4 个孩子的母亲，她之前做过 8 年教师。她取得的巨大成就，更多来自服务与分享，而不是简单的销售，尽管她非常擅长销售。短短 4 年半的时间，她从白手起家，打造了一支 1 400 人的团队，并将团队发展为母公司罗敦与菲特旗下的一家以家庭业务为基础的顶级咨询公司。

"开始这项业务时，我不确定能否适应下来。我加入罗敦与菲特公司时，我的四个孩子，一个 2 岁，一个 4 岁，剩下两个一个上一年级，一个上四年级。有时候，我会因为工作付出太多、忽略家庭而感到内疚。"托尼娅娓娓道来，她的笑容热情而温暖，让人忍不住想要拥抱她。

"记得有一次，我的一位朋友打电话给我。她的孩子和我的孩子是同校。她问我在做什么。我说自己正发疯似的烤 80 个纸杯蛋糕，因为孩子班上明天有个派对! 然后我问她在干吗，她说她正在给孩子准备自制饮料。我说，哇，真羡慕你。她说，你知道，托尼娅，你不必当一辈子的纸杯蛋糕妈妈，偶尔做点自制饮料应付一下也是可以的。

"那一刻，我发现我们其实永远都在拿一件事去换另外一件事。就我而言，我是在用自己的时间来换取自己是个好妈妈的感觉。虽然有时候那些小事情很重要，但大多数情况下，我意识到'做蛋糕'这种琐事并不能让我成为一个好妈妈。于是我认为，一定还可以用其他的事情来做交换，既不违背自己的想法，又兼顾家庭、健康和信仰。现在，我很少看电视或杂志，我也取消了读书俱乐部的活动，而是选择在开车的时候听书。"

"自从我开始详细计划每天的时间，我发现，之前我浪费了无数个15分钟，这15分钟内，我总是在等待下一个指令，排队或开车。于是我的目标变成了'如何好好利用生活和工作中的那些零碎的15分钟'。现在回过头去看，你会发现那些碎片时间加总起来是多么可观。我们团队有一条重要的哲学，即利用零碎的15分钟来打造业务。"

"我们团队中的很多成员，都有一份正经的全职工作。他们入队时，我问他们，每周是否能拿出10～15小时来做这份兼职，他们回答'不可能'。然而当我问，他们能否利用每天一些15分钟的碎片时间打电话，他们回答'当然没问题'。一旦你克服了'自己太忙'的思想障碍，并学会了在15分钟内把注意力专注到一件事上，你就能经营起一门出色的业务。现在，我们甚至利用15分钟的碎片时间来搞培训，我个人也会经常用这些碎片时间来回复邮件。"

我问托尼娅:"你是如何在如此短的时间内,快速地把注意力集中到一件事情上的?"

她回答说:"听起来有点傻,但我每天都会跟自己做点小交易。'如果我打完了这三个电话,我就奖励自己×××',或'如果我得到了某件想要的东西,就要去做×××工作'。"

这种迷你奖励机制引起了我的兴趣,于是我问:"但15分钟的碎片时间并不算长,你是如何决定把那15分钟花在什么事情上的?"

"对现在的我来说,这个问题很简单。我每天最重要的事情就是培训中层领导,并以身作则,亲自发展新成员。这两件事情,对销售团队的增长最有帮助。培训中层领导是一切工作的重中之重,因为我无法凭一己之力领导几千人,无法对所有人有求必应,所以我需要一些得力的人才充当我的左膀右臂,并不遗余力地把毕生所学传授给他们。我会尽最大努力,确保他们成为合格的团队领导。

"把时间花在潜在领导者身上是我的优先事项,也是一种能够给我带来满足感的享受。那些愿意和我分享目标且工作积极的人，最容易培养成中层领导者。他们会成为我工作之外的朋友和伙伴，我喜欢团队里的这些家伙们，他们棒极了。

"如果有人向我求助，无论是不是中层领导者，我都会把它当成自己的临时优先事项，为他们排忧解难，因为我希望看到他们成功。只要他们还在为自己的事业拼尽全力，我就无条件地信任他们。有时候，有些人想要成功，但不想工作；我认为想要让事情取得进展，就必须有所付出。否则，我宁可把时间花在那些虽愿意工作但不可能跟我一起走到最后的人身上。

"最重要的是，我意识到，耽搁的每一秒——浪费在不该做的事上，或开了小差，或没有花在最正确的地方，我都是在偷窃和家人相处的时间。我绝不会拿和家人相处的时间去交换任何东西。"

已经认定，就别再迟疑！

有时候，你需要等待；有时候，你需要刻意拖延；有时候，耐心是最好的选择，但绝不是现在。一旦任务通过了聚焦漏斗模型的所有阶段，你就可以确定，自己必须马上动手了。

你要做的事情很简单，就是把精力集中在最有意义的事情上，而不顾虑其他。你无须操心其他事情，只需要把精力放在走好下一步上。成功就是永不言弃地完成最有意义的优先任务。

现在，你无须再等；现在，你掌握着命运；现在，你知道不能指望任何人，必须亲自动手。因为世界上没有所谓的"一夜成名"。天上永远不会掉馅饼。你永远没法仅凭运气就实现梦想。优秀从来不是偶然。优秀，是工作、信仰、奋斗、纪律和行动的结果。

你的梦想如此重要，它不能输给分心。你的梦想如此重要，它不能输给舒适。你的梦想如此重要，它不能输给所谓的奉献精神。你的梦想如此重要，它不能输给恐惧。你的梦想如此重要，它不能被忽略。你的梦想如此重要，你必须保证自己的下一步走稳走好走踏实！

如果某件意义重大的事情和你的梦想有关，你就必须去完成它，必须捍卫它，并且必须现在动手！除了它，做任何事情都是一种分心。所以，你必须工作，必须奋斗，必须咬牙挺住，必须坚持，必须行动，必须专注。

时间倍增大师手记

要点

♡ 现在加倍努力，之后就能拥有完全的自由时间。

♡ 优先事项是指那些意义重大的任务，而无论它是否在你的日程安排内。你必须强迫自己首先关注它，完成它。

♡ 在你完成下一个意义重大的优先事项前，其他任何事情都是分心事项。

♡ 聚焦漏斗模型能够保证你把时间花在最具意义的事情上。你必须不停问自己："我是否把时间花在了意义最重大的事情上?"

♡ 一旦任务通过了聚焦漏斗模型的所有阶段，你就可以确定，自己必须马上动手了。

♡ 暂时忽略琐事，把精力集中到真正重要的大事上。

意外发现

♡ 我们会仅仅因为害怕别人失望，就为别人的优先
事项牺牲自己的优先事项。

♡ 专注是一个伟大的动词，它提醒我们要采取行动；
同时专注也是一个意义深远的名词，代表着快速
识别下一个最具意义事项的能力。

♡ 你对他人最大的义务是成为最好的自己。大多
数时间倍增大师对电子邮件都有天然的厌恶，
他们认为收件箱的最大作用就是整理别人的事
情的优先顺序，而不是帮助我们专注到自己的
任务上。

♡ 你有义务把今天的时间花在能为你和他人的明天
创造出更多时间和机会的事情上。

令人惊叹的数据

♡ 全世界只有8%的人会制定详尽的周日程表，而
这些人绝大多数都是时间倍增大师。时间倍增大
师会根据日程表和优先事项的优先顺序，安排自

己的时间，而不是任由自己被电子邮箱的收件箱
牵着鼻子走。

问问自己

　　♡ 你应如何赋予自己专注的权限? 为什么你自己保持

　　　专注就可以为身边的人创造更多机会?

第 9 章

用有限的资源，
让你的成果倍增

PROCRASTINATE
ON PURPOSE

唯有通过他人，你的成果才能实现最强劲的倍增，
而你永远无法独自完成这项伟大的事业。

在《通往成功的七级台阶》中，我们分享了一个针对1万名员工的调查："在一周40小时的工作时间中，工作以外的事情会占用你多长的时间？"答案是每人每天2.09小时！

根据美国劳动局的数据，美国劳动者的平均年薪是39 795美元，折合时薪19.13美元。也就是说，每年，拖延症让老板在每位员工身上损失了10 369美元！因此，《通往成功的七级台阶》中最受欢迎的一句话是："优先权稀释综合征是今天商业中最昂贵的隐性成本。"

我现在仍然对这句话笃信不疑，因为拖延症每天都会对个人和公司造成影响。

最宝贵的商业成本：时间

在过去几年的咨询工作中，我们发现，拖延症造成的成本已经越来越"显性"了。我们和客户进行过一项叫"新销售员成本计算"的调查研究。我们会针对性地问一系列问题：每增加一位销售员，公司需要投入多少宣传、招聘、雇用、入职和培训方面的成本？任何活动（比如进行一场面试），只要耗费了个人或组织的时间，我们就会计算那段时间的货币价值。从而，我们可以把时间成本轻松地转化为货币成本，然后再将其和其他实际成本（如生产成本和广告费用等）相加起来。

我们的研究显示，每增加一名销售员，企业所投入的招聘、培训和雇用成本基本都高于 1.5 万美元，而最高则达到8 万美元。更不用说，一些企业每年销售团队的人员流动率达到30% ~ 80%，这为企业造成了一笔多么昂贵的成本！

所以，你完全可以想象，当企业知道我们有一套更高效、更经济的方法，可以在更短的时间里招聘到优秀销售员时，他们的兴奋劲儿。

拖延症和员工流动，都是典型的隐性成本。你的公司里还有很多其他的隐性成本，不是吗？一方面，你有人员流动成本，一旦有人离你而去，你在他身上的投资就变成了一场空。另一方面，你把不合格人员留在团队中太久又会如何？那将是最大的成本之一，因为这会破坏团队文化。

我依然记得自己作为领导者时做出的第一个决定，就是铲除队伍中的一个毒瘤。那或许是我迄今为止最艰难的决定之一。雇用和解雇是能让时间倍增两个简单的策略。因为有的人可以为你的明天创造更多时间和成果，有的人则会让你在明天损失更多时间和成本。

想想各种闲聊八卦和钩心斗角吧。你会花多少时间在这些事情上？我猜很多。在不同任务之间转换所产生的时间损耗呢？那些错误地以为自己在进行多线程任务的人，浪费了多少时间？

拖延成本、人员流动成本、优柔寡断成本、人际冲突成本和间歇变动成本有一个共同点：它们都是时间成本。而绝大多数公司并不把它们当成实际成本，因为他们不懂得如何衡量这些损失。但是，它们的确真实存在。本书无数次地强调了这一点：时间比金钱更为珍贵。但绝大多数领导者在思考、行动和决策时都没有注意这一点。

你觉得大型企业会在忘记制定收入预算的情况下，瞎忙一整年吗？不会。大型企业会在不记录支出的情况下瞎忙一整年吗？当然不会。大型企业会在不填任何财务报表的情况下，瞎忙一整年吗？绝对不会。一家大型企业会花几千小时在财务报表会议上，一行行仔细检查，只为找出任何可以省掉的成本，哪怕只有一分钱。大型企业永远不会在没有财务报告的情况下运营。

但是，你什么时候听说过，某家公司高层召开全体会议，讨论"目前导致公司最大时间浪费的原因是什么？"从来没有。我们绞尽脑汁，研究每一个可能的方案，只为再节省几美元的成本。但与此同时，我们对浪费掉的巨量时间无动于衷。

私底下，我们当然会思考如何让自己变得更高效。但作为一支团队，作为一家公司，我们从来没有讨论过，哪些事情纯粹是浪费时间。你眼睛看错了地方，嘴巴问错了问题。**对绝大多数公司而言，最有意义的成本节省是节省时间，而非节省资金。**

你最昂贵的成本永远不会是花出去的金钱，而是花出去的时间。失去的钱可以挣回来，浪费掉的时间永远无法挽回。如果你想让公司的盈利能力倍增，不要只问自己："我该如何节省更多的资金？"你应该开启最具创意的头脑，问自己："我该如何节省更多的时间？"

就和财务报表一样，你也应该制定一个时间报表。西南咨询公司的一大任务，就是教会其他公司或团队把聚焦漏斗模型运用到整个组织。我们之所以经常被其他公司引为外部援助力量，是因为我们擅长在最难琢磨的地方节省出时间。

如何让团队的时间倍增？

我希望,现在你懂得了精心设计时间策略的重要性。"买最便宜的回形针"确实能帮你节省几百美元，但更重要的是思考如何让时间倍增，因为这可以让公司节省几百万美元。

想象一下，如果你的公司、团队和家庭中的每个人都是时间倍增大师会如何？如果团队中的每个人，都在最适当的时间做最具意义的事情，会怎样？如果你不再浪费时间做毫无意义的事情，会怎样？如果你直接忽略那些不需要马上动手的事情，会怎样？如果你使用一个像Infusionsoft这样的系统，自动化处理那些反复出现的事情，会怎样？如果每项任务都可以委派给技能和决策能力都最合适的人，会怎样？如果你团队的耐心和行动力能够完美搭配，会怎样？

你心动了吗？你想象过这一切如果实现，将是多么伟大、震撼、有趣和有利可图的情形吗？你想过这会给世界带来多大的影响吗？你所拥有的一切都会倍增。那就是我们所谓的刻意拖延。你应该如何做？好吧，其实非常简单。

首先，你要记住本书提到过的所有原则，并把它们运用到人生当中。你要以身作则，率先运用本书中的知识。然后，你把本书所教的东西分享给公司的其他人。我们可以回顾一下，时间倍增大师的做事方式必须与聚焦漏斗模型（见图 9.1）相符合。

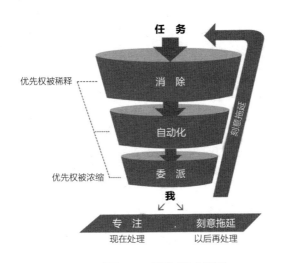

图 9.1　聚焦漏斗模型

你需要告诉你的团队成员以下要点：

一维思考 通过更快更高效的行动来进行根本不可能的时间管理，尝试把更多的任务塞进任何你可利用的时间，就像没有终点的赛跑。

二维思考 通过考虑事物的紧急性和重要性来安排时间，必要时挪用人生其他领域的时间。这实际上是把一件事情排在另外一件事情之前，好比抛球杂耍。

三维思考 通过计算事物的意义，让自己的时间倍增。赋予自己相应的权限，把今天的时间花在能为明天创造出更多时间的事情上，就好比播种。

接下来，你要教团队成员如何运用聚焦漏斗模型处理所有找上门的任务，确保他们懂得如何快速计算事情的意义，把时间花在能为明天创造出更多时间的事情上。当然，你还要教他们运用本书中的 5 条权限，以更好地安排时间，因为时间管理不仅关乎逻辑，更关乎情感。

此外，你应该向公司老板阐述以下几种不同类型的成本：

♡ 实际成本（5 美元咖啡钱）

♡ 机会成本（花 5 美元买咖啡所放弃的其他东西）

♡ 隐性成本（用买咖啡的 5 美元去投资，所能带来
的 45 美元收益）

♡ 时间的货币价值成本（一个人在任何活动中所耗
费的时间，乘以他的时薪）

♡ 非必要变动成本（重复劳动成本，意外变动成本）

♡ 间歇变动成本（同时进行多项任务时，从一项任
务转换到另一项任务时产生的时间损耗）

♡ 隐性成本（实际成本和时间的货币价值成本的结
合，它在任何公司中都难以观察、难以测量）

你可能还需要告诉老板，最大限度节省潜在成本的方
式，不在于减少财务支出，而是减少时间浪费。换句话说，
你要彻底重塑公司的结构，活用以下策略。

消除 消除所有无必要的任务、无意义的活动、无用
的繁文缛节、不合适的员工、低生产力的会议和拖累团队
的所有障碍。

自动化 系统化处理所有标准化任务、重要但千篇一律
的工作和机制。减少所有花在非创造性任务上的思考时间。

委派 将工作和相关决定权委派给团队中的专业人才。

时间倍增大师史蒂夫·萨维奇说："决策权要下放。"有意识地让奋战在一线的人员参与到大量的决策中来。

刻意拖延 拖延那些并不处在最佳行动时机的任务，以及你不确定会给团队带来怎样后果的事情。

专注 专注于下一项最具意义的任务。创造出这样一种文化，让所有任务和决策都能交到最适合的人手上。

当你鼓励公司中的每个人计算事物的意义，鼓励他们做能够为明天创造出更多时间和成果的事情，并赋予他们相关权限后，你会非常惊讶地发现：他们完全知道自己应该做什么。与此同时，结合《通往成功的七级台阶》中的方法，引导员工动手做他们不愿意做，但应该做的事情。减少多线程任务和间歇变动成本，鼓励他们把所有精力专注于一件事。

当然，要促成上述所有事情并不容易。在你监督团队完成这种转变的同时，还要兼顾自己的工作与生活。我希望你可以娴熟地运用书中所学，在人生中把握好耐心和行动力的平衡。

彻底改变公司文化或许听上去会有些唬人，但这绝对值得。如果公司的每个人都通过把今天的时间花在可以为明天创造更多时间和成果的事情上，他们的时间就会极大倍增，公司价值也会出现大幅提升。刻意拖延的企业文化非常令人振奋。

你或许会想，这说起来容易做起来难。的确如此。但如果你决心改变公司文化，那么请谨记：永远不要低估人类的能力。

如何倍增个人影响力：把时间花在有影响力的人身上

史蒂夫·亚当斯

Tom James 服装公司分区总裁，美国得克萨斯州

24 年来，史蒂夫·亚当斯一直担任 Tom James 公司的分区总裁。Tom James 公司是世界上最大的服装定制生产商。它在全球拥有超过 3 000 名员工。它致力于为商业高管提供最高品质的服装。

作为少数幸存的垂直一体化服装零售商之一，Tom James 公司为对质量有高要求的人士提供了无与伦比的服务。它的产品从 600 美元的入门级定制服装，到使用世界上最昂贵的面料贺兰德 & 谢瑞 100% 手工制作的 Oxxford 品牌西服，一应俱全。

时间管理的奇迹

Tom James 的服装经销商会亲自登门服务，你永远不需要排队等候，不需要想尽办法找停车位，也不会对一件梦寐以求但不合体的西服垂头丧气。另外，他们没有广告成本和实体店运营成本，所以可以把节省下来的钱变成消费者的福利。

史蒂夫是一个低调而谦逊的人，他说自己"分区总裁"的头衔其实来自别人的成功。史蒂夫是世界上最高效的"沉默领导者"。他是一个非常好学的人，天生有一颗为人服务的热忱之心，他带领团队突破国界，实现了公司利润的稳定持续增长。他相信，作为领导者，他的职责可以总结为一个简单的任务：影响他人的思考。史蒂夫也曾经历过风浪坎坷，他意识到，第一个需要他影响的人正是他自己。

"截至 2005 年 4 月，我在 Tom James 公司工作满 15 年了，但我招聘的人中只有一个没离职。我曾经一个月才卖出 26 套西装，而这是其他顶级销售员一天的成绩。我对自己在 Tom James 公司的前途感到绝望，为自己的疲惫、贫困、作为领导者的失败而责怪公司。

"我决定另谋高就，但在此之前，我发起了一场高管会议，准备在临走之前告诉他们我的一些想法。

我要告诉这群人，他们有多么可悲，这样我就能一解心头之恨。

"会议在休斯敦举行，而我住在奥斯汀，可我当时连机票都买不起，所以我开车过去。一路上，我回忆了自己的职业生涯，回忆了自己招聘的 15 个人，其中有 14 个当了逃兵。我回忆其共事过的所有上司。我回忆其换过的所有销售地区，因为我总是抱怨当前的销售区有问题所以换过很多区域。

"那是一趟命运转变之旅，最后，我终于发现，自己回想起的那些事情都有一个共同点，那就是我。最糟糕的是，15 年来，我一直引用各种成功法则来教导他人，而自己却一条也没实践。于是，我决定承担起责任。当我到达休斯敦后，只在会议室待了 60 秒——为浪费了所有人的时间道歉，然后就开车回家了。

"我没有辞职，而是决定继续在公司走下去，并且让自己学会对所有事情负责，让自己学会相信就算是一颗飞毛腿导弹击中了我家，那也是决定把家搬到那个地方的我的错。我强迫自己对拥有的一切感恩，而不是总是对失去的东西耿耿于怀。我选择了另外一种领导策略：影响他人的思维方式，让他们积极面对人生。从此，一切发生了翻天覆地的变化。

"那段时间，我有幸得到了一些伟大前辈的教导，包括托德·布朗、戴夫·威克尔和在位 30 多年的首席执行官吉姆·麦凯克伦。他们帮助我建立起一种有益的思维模式，不仅在销售上亲自树立榜样，并且用一些无价的信条来影响他人的思维，帮助他人走向成功。他们告诉我，要花时间去认识那些自己真正能够影响的人和事，学会放弃那些你无法掌控的东西。

"有的人倾向于尽最大的努力影响消费者，这些人是销售领导者。还有的人更倾向于通过其他团队成员，来让自己的影响力倍增，这些人是团队领导者。最重要的是，自己对结果负责，想办法让自己的影响力变得更广泛、更深远。

"感谢吉姆·麦凯克伦和公司其他领导者，我很幸运，他们影响了我的思维，改变了我的人生轨迹。现在，我希望对我的同事做同样的事。人生有限，要对世界产生影响并不容易。我永远不会忘记吉姆·麦凯克伦在去世前对我说的话：'如果人生能够重来一次，我会找到那些真正想要领导别人的家伙，花更多时间和他们待在一起。我会把更多的时间投入到更少的人身上。'"

行动才能决定一切

我们已经讨论过耐心和行动的意义。你既需要耐心，也需要行动。你有时候要快一点，有时候要慢下来。你需要"现在"，也需要"以后"。你需要适时刻意拖延，培养等待的耐心。

本书就是要教你一系列的技巧，拓宽你的思维模式，让你和世界上最成功的那些人，即时间倍增大师一样，拥有相似的决策流程。时间倍增大师比普通人理解更深的是，虽然思维模式很重要，但最后的行动才决定一切。

你必须行动，必须去做，必须尝试。你在等待的时候，也能继续工作。你可以倾尽今天的一切来实现梦想，同时相信自己，等待是为了能在更好的时机崛起。但你不能停止工作。你必须做你能做的一切，必须继续前进，迈出下一步。无论遭遇成功还是失败，你必须继续行动。

有时候，或许你会觉得本书教你的某些窍门并不如你想象的奏效。但最后，你还是要继续行动。你要继续走，继续前进。因为，坚持下来，你就会发现，本书教你的一切发挥出了难以置信的魔力。然后，你要继续工作下去。你要继续奋战下去。

有一句无价箴言，我们在西南咨询公司重复过无数次：**成功无法长期持有，只能按天租借**。所以，本书结束的地方，正是《通往成功的七级台阶》开始的地方。但是，在开启你的下一段旅程之前，请谨记：成为一名播种者。我觉得，播种者是对时间倍增大师最好的比喻。

播下种子，不是为了满足短期需求，而是为了长远的影响。这就是紧急性和意义的区别。消防员永远专注于当务之急，有时候这事关生死。我有一名消防员挚友，他们每天面对的任务，其重要性、紧急性和深远意义都毋庸置疑。有时候，你仍然需要扮演消防员的角色。总会有那样的事情找上门来，迫使你放下手头的一切，优先搞定它。在这些时候你会发现，救火任务无论重要性、紧急性还是意义都很高。和本书已经探讨的许多概念一样，我们的目标不总是唯一的，需要适当的综合考虑。

本书的目的是希望为你创造出一种动力，让你更少地去灭火，更多地播撒种子。本书大部分内容都有关商业。但出于实用性考虑，我会列出一个本人已经运用到个人生活中的时间倍增大师行动清单。

约会之夜　你必须定期把自己的婚姻当成头等大事。如果你还没有为自己和配偶精心打造一个约会之夜，那么赶快试一试，它会让你们的关系发生改变。在某个工作日的夜晚，你把孩子留给保姆照看，关掉手机，全身心和心爱的人待在一起，这对你的家庭关系意义深远。花点儿时间了解你的另一半，问配偶一些生活和过去的问题，还有他或她未来的梦想。你要对终身伴侣的一切产生真正的兴趣。我见过太多人，直到最后时刻才悔悟：离婚是对金钱和时间的最大损耗。

还清债务　能为你的人生带来直接财富的，首先当然是你的收入。我说的不是快速致富的房地产投资，也不是把钱投到创业公司或炒股，虽然如果幸运的话，你会从这些活动中得到每年10% ~ 15% 的回报。但你首先需要做的，是清偿债务！一旦远离债务，你的收入就会持续积累下去。也就是说，还清债务可以被看作一种伟大的投资策略，一旦清偿债务，之后的收入就等于是还债产生的投资回报了。也就是说，如果你每个月把80% 的收入存起来，那就等于你的清偿债务投资产生了每个月80% 的回报！如果你每年赚5 万美元，把其中4 万美元存起来，这比顶着风险从股市或创业公司那里赚 1 ~ 2 万美元要好得多。如果你还没准备好，买一本戴夫·拉姆齐的《改变你一生的理财习惯》照着做吧！还清我 5 万美元的债务是我这辈子最伟大的倍增策略之一！

保持健康　让时间倍增的最直接的方式，就是保持健康。请赋予自己睡觉的权限。根据哈佛医学院的报告，睡眠剥夺造成的生产力损耗，让美国公司每年付出了 632 亿美元的成本。另外，给予自己把时间和金钱投资到健康饮食上的权限，这样你就不用把时间和金钱花到医院里了。额外投资少量的时间和金钱到健康食品上，会让你在地球上多活几天！一切对你身体不好的事物，都在损耗你的时间，别犯傻。

培训和个人发展　那些说"我没有时间读书，没有时间参加培训班，没有时间听广播"的人，都是在找借口。你的头脑是你此生拥有的最大武器，而其能力的大小和你的投入成正比。时间倍增大师永远把个人发展当成头等大事。那些说没有时间和金钱培训员工的公司，根本就是疯了。它们总是担心培养出来的人才最后离开了自己。但其实，世界上最可悲的事情就是，他们一直保持着没有被培训过的状态留在你的公司！

媒体　很多人对媒体又爱又恨，但媒体是真正的时间倍增工具。如果你团队里的某个家伙可以上电视，上广播节目，或者有一个受欢迎的社交媒体账号，那你真是赚到了。人类历史上，你从来没有更好的机会，可以即时影响到那么多人。最近，我们有很多客户要求我们帮他们出书，因为有时候，书也能够魔术般地让你的影响力倍增。杰夫·沃克写了一本叫《浪潮式发售》（*Launch*）的书，大家可以参考。

Infusionsoft 系统　是的，它绝对值得我再强调。如果你经营着一家小公司，我强烈建议你运用这款软件。你不用成为科技狂人，也可以利用高科技手段让业务倍增。它改变了我的人生。

正确待人　如果可能，一定要提供最棒的客户服务。它是一个强力的时间倍增工具，因为客户是你的口碑之源。约翰·迪朱利叶斯在《秘密服务》（*Secret Service*）中专门阐述了这一理念。无论如何，友善对待每个人，是我很早就掌握的一个倍增工具。你会发现，这样一来每个人都可能为你带来 VIP 客户。

正直　正直带给你的倍增效果无法衡量。如果你的言行高度一致，人们就会相信你，并倾尽全力地帮助你。如果你言行不一，他们就会远离你。如果你和我一样，遇到过这方面的问题，那么一定要努力去改善这种情况。

信仰 信仰就是选择相信，现在发生的一切是为了之后更大的荣耀。这种信仰可以免除你的恐惧，让你面对挫折和失败时保持淡定。信仰让你的目光长远，并相信今天发生的一切，最终都会对未来产生影响。没有信仰，你无法让时间倍增，因为时间倍增是建立在你相信今天的选择可以为明天创造出更多时间的基础之上的。

正确的早期选择 大家对这一点关注得还不够。选择和货币一样，都存在复利效应。因此，我相信，你越年轻，你的选择的影响力就越大。总是做出正确选择的年轻人，最终将成倍获得他们的影响力、财富、爱和幸福。年轻人了解这一点，或许他们就能做出更好的选择。

你就是未来的时间倍增大师

只有通过人，才能实现最强有力的成果倍增。因为你培养的每个人都是潜在的时间倍增大师。我为别人付出的努力和所做的一切，将通过他们影响到更广阔的人群。我相信你也会一样。

我们每个人要做的，是把时间广泛地投资到那些在未来有潜力成为播种者的人。而我们的回报，就是可以看着他们因为自己的影响，其人生开始朝更加积极的方向发展。世界上最有意义的事情莫过于此。卓越的时间倍增大师、西南咨询公司传奇人物斯宾塞·海斯说过："你无法独自建立企业；你只能培养人，然后他们会为你建立企业。"

上述清单中事项的共同点是什么？它们都不是一种时间的花费，而是一种时间的投资。这是我们谈论的焦点，所以有必要稍微重述一下这整本书想要传达的信息：通过给予自己情感权限，把今天的时间投资在可以为明天创造更多时间的事情上，从而让时间倍增。

这让我想起一个古老的故事。一位主人有一次把他的工人都召集起来，并送给他们一些礼物。他送给了第一个人 5 种才能，第二个人 2 种，第三个人 1 种。他送出这些才能是想试探一下工人的能力。

随后，主人出门远行了。得到 5 种才能的人和别人做了交易，又学会了 5 种新才能。同样，得到 2 种才能的人也换到了另外 2 种才能。但是只得到 1 种才能的人挖了个洞，把才能埋了起来，安全保存。

当主人回来，他再次召集工人，想看看他们表现如何。

得到 5 种才能的人说:"主人,你当初传授了我 5 种才能,现在你看,我又新学会了 5 种。"主人说:"很好,我将任命你为主管。"得到 2 种才能的人说:"主人,当初你传授了我 2 种才能,现在你看,我又新学会了 2 种。"主人说:"很好,我也任命你为主管。"只得到 1 种才能的人说:"主人,我害怕了,然后把你送给我的才能埋了起来。你看,你走的时候它什么样子,现在它还是什么样子。"主人的反应显得十分沮丧,他解释说,才能不是用来收藏的,而是要去培育、分享,让它繁殖,这样最后受益的就不仅是掌握才能的人,更是整个群体。主人下指示说:"把你的才能交给掌握了 10 种才能的那个人。他这样的人,应该得到丰硕的回报。你应该努力向他学习,学会分享自己的才能。"

我认为这个故事在今天依然有启发性:我们当然不应该浪费时间,但我们也不应该对时间过于吝啬。相反,**我们必须拿自己的时间去投资,因为我们所得到的都应该用来为他人造福。**

现在,你懂得了意义和倍增的力量,你知道最大的成本是看不见的。但是,最大的机会也是看不见的,它们有待你去发掘。阅读本书,已经让你付出巨大的成本。如你所知,我指的不只是封底上印的价格,更是你所花费的时间,以及所有你可以利用这些时间去做的事情。而我希望的是，最后事实可以证明，我们在一起花的时间是一笔对你、对你爱的人和一切你关心的事物的有益投资。如果是这样，请你把这本书和书中的原则分享给他人，让你和我的影响力一起倍增。

致　谢

唯有通过他人，你的成果才能实现最强劲的倍增，而你永远无法独自完成这项伟大的事业。回首往事，我清楚地认识到，我本身就是许多人的"投资"结果。我希望，你会发现这本书对你很有用处。

首先，我要感谢的是西南咨询公司。我们的愿景，即"帮助人们培养可以实现人生目标的技巧和品质，并在这一领域成为世界上最好的公司"，每天都在激励着我前进。你们对提升客户人生的努力，世所罕见。很难相信，公司创建之初我们只有区区 4 人，而现在，这支团队已经如此壮大。你们是一支不断成长的服务销售军，和你们站在一起，是我的荣耀。你们是时间倍增大师中的佼佼者。

感谢接受我们一对一培训项目的近 3 000 位客户。能够和你们连续几个月朝夕相处，让我们感到莫大的满足。和你们一起奋斗既是一项殊荣，也是一种乐趣，因为最后我们共同成长了，并为世界创造了更多的价值。我们承诺，将会继续更好地帮助你们实现目标！

接下来，我要感谢这本书的编辑。

玛丽安，感谢你用聪明才智让我在书中呈现出了最好的自己。企鹅出版集团近地点出版社的约翰及其他朋友，是你们所有人的努力让这本书最终成功出版。感谢这本书最早的读者，感谢你们为这本书的样稿提出的建议。他们是蒂姆·托马斯、罗伯特·帕格里瑞尼、贾森和丹妮丝·多尔西、拉尔斯·特韦斯、阿曼达·瓦登及艾伦·彼得里洛。是你们激励我更深入地思考，并让我直接重写了本书 1/3 的内容。当然，我还要感谢内娜，如果不是许多年前你对我的信任和鼓励，就不会有这本书的存在了。

感谢书中出现的所有时间倍增大师，允许我引用你们的案例。他们是特蕾西·克里斯特曼、皮特·威尔逊、罗恩·兰姆、斯科特·博尔曼、特洛伊·佩普、迈克尔·布克、托尼娅·迈耶和史蒂夫·亚当斯。你们是我非常钦佩的人，和你们相识是我莫大的荣幸。衷心祝愿你们的事业节节高升。

贾森·多尔西、埃里克·切斯特、大卫·阿夫兰、杰伊·贝尔还有约翰·迪朱利叶斯，谢谢你们的建议和忠告。你们是我最钦佩的同行，从你们身上我学会了很多，你们是我最信任的朋友。

爸爸、妈妈、兰迪、贾森还有阿曼达，谢谢你们对我的支持，你们是世界上最好的家人。感谢我所有的朋友和亲人，谢谢你们为我付出的一切，并允许我把更多时间放在工作上，比如写作这本书。

最后，我要特别感谢我的妻子。你是我最好的朋友，最好的商业伙伴，最好的灵魂伴侣。你为我的人生带来了色彩和欢乐。我欣赏你，尊敬你，爱慕你，并感恩你的一切。谢谢你对我的支持，更谢谢你和我并肩奋战，为世界留下更多美好的东西。

你的梦想如此重要，它不能输给分心。

你的梦想如此重要，它不能输给舒适。

你的梦想如此重要，它不能输给所谓的奉献精神。

你的梦想如此重要，它不能输给恐惧。

你的梦想如此重要，它不能被忽略。

你的梦想如此重要，

你必须保证自己的下一步走稳走好走踏实！

如果某件意义重大的事情和你的梦想有关，

你就必须去完成它，必须捍卫它，并且必须现在动手！

**READING
YOUR LIFE**

人与知识的美好链接

20 年来，中资海派陪伴数百万读者在阅读中收获更好的事业、更多的财富、更美满的生活和更和谐的人际关系，拓展读者的视界，见证读者的成长和进步。

现在，我们可以通过电子书（微信读书、掌阅、今日头条、得到、当当云阅读、Kindle 等平台），有声书（喜马拉雅等平台），视频解读和线上线下读书会等更多方式，满足不同场景的读者体验。

关注微信公众号"**海派阅读**"，随时了解更多更全的图书及活动资讯，获取更多优惠惊喜。你还可以将阅读需求和建议告诉我们，认识更多志同道合的书友。让派酱陪伴读者们一起成长。

✖ 微信搜一搜　🔍 海派阅读

了解更多图书资讯，请扫描封底下方二维码，加入"中资书院"。

也可以通过以下方式与我们取得联系：

📱 采购热线：18926056206 / 18926056062　　📞 服务热线：0755-25970306

✉ 投稿请至：szmiss@126.com　　🅱 新浪微博：中资海派图书

更 多 精 彩 请 访 问 中 资 海 派 官 网　　[www.hpbook.com.cn ▷]